jq
ハンドブック

NetOps/DevOps 必携の
JSONパーザ

豊沢 聡◉著

はじめに

　jq は JSON テキストを解析、抽出、変換するコマンドライン指向のツールです。

　JSON（JavaScript Object Notation）は構造的なデータを表現する一般的な形式で、ウェブサービスで広く利用されています。とくにウェブ技術を基盤にした REST（REpresentational State Transfer）では、リソースはたいてい JSON で記述されます。REST はリモートシステムの管理運用でよく用いられ、JSON テキストを送信することでシステムを設定したり、GET リクエストから JSON で書かれたシステム情報を取得します。たとえば、協調ソフトウェア開発でよく用いられる GitHub、AWS などのクラウド環境、あるいは F5 BIG-IP のようなネットワーク機器の REST インタフェースは JSON ベースです。次の例は、GitHub からリポジトリ情報を取得したときのものです。

```
$ curl -sku :$TOKEN https://api.github.com/user/repos | jq '.'
[
  {
    "id": 1234567879,
    "node_id": "MDEabcdefghijkRvcnkzNDc3NzQyMzM=",
    "name": "Sample",
    "full_name": "Sample codes",
    "private": false,
    "owner": {
      "login": "foobar",
      "id": 1234567,
      ...                                          # 以下略
```

　JSON テキストは可読文字で記述されるので、テキストエディタで読み書きできます。しかし、データの階層構造が深いと、経験を積んだ目でもかなり読みづらいです。数百個の構成情報が改行なしで 1 行にまとめられることもあり、そんなときは Unix でおなじみの行指向ツールである grep や sed では簡単には解析できません。そこで、やや込み入った処理ではプログラミングのお世話になります。幸いなことに、Python や JavaScript といったポピュラーな言語には JSON 処理ライブラリが用意されているので、スクリプティングはそれほど難しくありません。

　しかし、ちょっとした操作のためにわざわざプログラムを書くのは面倒です。Unix ツールのように、必要なときに必要なものだけをいろいろ組みあわせてさくっと利用できたほうが便利です。

jq はそんな用法を念頭に設計されています。つまり、JSON 専用の sed あるいは awk のような
コマンドです。jq は部分データの抽出、不要な要素の削除、値の変更や演算、簡単な集計などを
（たいていは）1 行でできます。なれてくれば、より複雑な操作もできます。

　jq が略語だとしたら、もとの単語がなにかは気になるところです。JSON Query と
いう説もありますが、設計者の Stephen Dolan によれば、短くて打ちやすいから選
んだだけで、もともと意味はないそうです（Stack Overflow より）。

　jq のオフィシャルマニュアルは A4 換算で 50 ページほどなので、使いたい機能を見つけるのは
そう大変ではありません。ただ、そっけない記述も多く、ときには試行錯誤も必要です。チュート
リアルもありますが、あまり拡充されていません。そこで、シンプルなサンプルとその実行例から
各種の機能を説明したのが本書です。オフィシャルマニュアルのほとんどをカバーしていますが、
一部、利用頻度の少なそうな機能は省いています。
　REST を日常的に利用する NetOps や DevOps 諸氏のお役に立てれば幸いです。

2021 年 6 月

豊沢 聡

注意事項

以下、本書の表記や使用するサンプルファイルなどで注意すべき点を説明します。

■ 表記

コマンドとその出力を示す実行例は、すべて Unix でのものです。$ で始まる行がコマンド、それに続くのが出力です。例によっては、# からコメントを加えたものもあります。

 JSON の仕様にコメントはありません。あくまで、本書を読むための補助にすぎません。

```
$ jq -c '.' startMeUp01.json                    # コマンド
["焼餐包","焼卖皇","虾饺","韭菜饺"]              # 出力
```

コマンドが 1 行に収まらないときは、シェルに解釈される部分では行末にバックスラッシュ（\）を加えて改行しています。jq に解釈されるフィルタ（シングルクォートで囲まれた jq の第 1 引数）の部分ではそのまま（記号なしで）改行しています。どちらの記法でも、（$ やコメントを除けば）そのままコピー & ペーストで実行できます。

```
$ cat filter01.json | \                         # シェルでの折り返し
  jq -c '.'

$ cat control01.json | jq -r '.aLaCarte[] |     # フィルタでの折り返し
  if endswith("焼き") then
    .
  else
    . + "は焼きものではない"
  end'
```

日本語環境の Windows コマンドプロンプトでは、Windows Subsystem for Linux
（WSL）も含めてバックスラッシュ（\）は￥で表示されます。

縦に長い出力は、全体を示す必要がなければ省略しています。

```
[
  "烧餐包",
  "烧卖皇",
  ...                                          # 省略部分
```

横に長い出力は書籍の幅にもとづいて、そのまま折り返しています。つまり、書籍の幅のコンソールに出力されたのとおなじ見栄えです。

```
{"赤皿":{"品目":["こはだ","とびっこ軍艦","とろたく軍艦","納豆巻"],"価格":130},"青皿":{"
品目":["びんちょう","〆さば","あじ","いわし"],"価格":210},"金皿":{"品目":["うなぎ","あわ
び","中トロ","いくら軍艦"],"価格":430}}
```

ただし、エラー出力は可読性を考慮して、手で改行を入れています。実際の出力と異なる点、ご了承ください。

```
# 本書での表示
jq: error: syntax error, unexpected INVALID_CHARACTER,
  expecting FORMAT or QQSTRING_START (Unix shell quoting issues?)
  at <top-level>, line 1:

# もとの表示（自然な折り返し）
jq: error: syntax error, unexpected INVALID_CHARACTER, expecting FORMAT or QQSTRING_STAR
T (Unix shell quoting issues?) at <top-level>, line 1:
```

エラーメッセージは jq のバージョンで異なることもあります。

■ 配列要素番号

配列要素の番号は、0 からカウントしています。たとえば、配列 [1, 2, 3] の要素 1 は 0 番目の要素です。

■ サンプルファイル

本書のほとんどの実行例は、サンプルの JSON テキストから示します。いずれもたかだか 20 行程度の短いものなので各章の冒頭に提示してありますが、出版社のダウンロードサービスあるいは次に示す筆者の GitHub からダウンロードもできます。文字エンコーディングは UTF-8 です。

```
https://github.com/stoyosawa/jqDoc-Public
```

もっとも、ファイルの中身そのものに意味があるわけではないので、似たような構造なら好みのファイルでテストしても問題はありません。

■ jq のバージョン

本書で使用し、動作を確認した jq はバージョン 1.6（2018 年 11 月 1 日リリース）です。OS にバンドルされているもの、あるいは apt-get や yum などのパッケージ管理ツールからインストールしたものは、これよりも古いバージョンのことがあります。エラーが頻繁に発生するようなら、付録 A.1 から実行形式をインストールしてください。

（jq のオフィシャルサイトのバイナリではない）バンドル版やパッケージ版にはまた、正規表記ライブラリ抜きでコンパイルされたものも散見されます（たとえば F5 社の BIG-IP にバンドルされたもの）。そのタイプのバイナリでは、6.2 節で取り上げる正規表現関数は利用できません。オフィシャル版のインストールをお勧めします。

■ Windows での利用

jq には Windows 用バイナリもありますが、Windows コマンドプロンプトからの直接利用は勧められません。特殊文字や非 ASCII 文字の扱いに癖があるため、込み入った jq フィルタの記述が難しいからです。Windows ユーザには Windows Subsystem for Linux（WSL）を有効化し、そのコンソールから Linux 版バイナリを使用することを勧めます。WSL の導入と簡単な利用方法は付録 A.2 に示しました。

あえて Windows コマンドプロンプトから利用するにあたっては、引用符にはとくに注意してください。本書の用例では、jq フィルタの特殊記号をシェルに解釈させないようにシングルクォート（'）でくくっていますが、コマンドプロンプトではシングルクォートは使いません。Windows で本書の用例をそのまま用いるとエラーになります。

```
$ jq '.contact.phone' startMeUp02.json              # Unix。フィルタを''でくくる
"09-123-4567"

C:\temp>jq '.contact.phone' startMeUp02.json        # Windows。''でくくるとエラー
jq: error: syntax error, unexpected INVALID_CHARACTER,
  expecting $end (Windows cmd shell quoting issues?) at <top-level>, line 1:
'.contact.phone'
jq: 1 compile error

C:\temp>jq .contact.phone startMeUp02.json          # Windows。''がなければ動作
"09-123-4567"
```

　Windows コマンドプロンプトのデフォルト文字エンコーディングは Shift JIS（SJIS）です。UTF-8 で記述されたファイルは、次の例に示すように文字化けします。

```
C:\temp>chcp                                        # デフォルトはSJIS
現在のコード ページ: 932

C:\temp>type predicate01.json                       # UTF-8は文字化け
{
  "null": null,
  "boolean": true,
  "number": 810,
  "string": "縺輔・縺ｮ蜻ｳ蝎橸・蝣夐」・,
  "array" : ["縺秘」ｯ", "蜻ｳ蝎梧ｱ・, "蜻ｨ繧雁ｷ縺怜､譬ｹ"],
  "object": {"drink": "譯慍干蜷滄・騾・}
}
```

　しかし、ファイルを SJIS にすると、コマンドプロンプトで表示はできても UTF-8 マシンの jq では次に示すように処理できません。

```
C:\temp>type predicate01-sjis.json                    # SJIS版は表示できる
{
  "null": null,
  "boolean": true,
  "number": 810,
  "string": "さばの味噌煮定食",
  "array" : ["ご飯", "味噌汁", "割り干し大根"],
  "object": {"drink": "桜花吟醸酒"}
}

C:\temp>jq '.' predicate01-sjis.json                  # 処理失敗
jq: error: syntax error, unexpected INVALID_CHARACTER,
  expecting $end (Windows cmd shell quoting issues?) at <top-level>, line 1:
'.'
jq: 1 compile error
```

目　次

第1章

はじめよう

　まずは使ってみましょう。

　jq が未導入なら、付録 A からインストールしてください。また、JSON テキストの構造や記述方法に不明な点があれば、付録 B に示した JSON の仕様概略を参照してください。

　本章のテスト用 JSON ファイルは、次に示す startMeUp01.json と startMeUp02.json です。

```
$ cat startMeUp01.json
["焼餐包", "焼卖皇", "虾饺", "韭菜饺"]
```

　4 つの文字列要素を収容した配列ひとつからなるシンプルなものです。

```
$ cat startMeUp02.json
{"name":"别不同","isOpen":false,"評価":4.5,"hours":["11:00","15:00"],"contact":{"phone":
"09-123-4567","メール": "booking@starcafe.com"}
```

　5 つのプロパティからなるオブジェクトです。プロパティの値は順に文字列、真偽値、数値、配列、オブジェクトです。すべての要素が改行やインデントなしで 1 行に収められているので、かなり読みにくいです（紙面ではコンソール出力時のように自然に折り返されています）。このようにレスポンスボディを整形せずに返す REST サーバも多くあり、このサンプルはそのような状態をシミュレートしています。

1.1 jq の実行

jq は JSON テキストを整形して表示します。テストファイルからためします。

```
$ jq . startMeUp01.json
[
  "烧餐包",
  "烧卖皇",
  "虾饺",
  "韭菜饺"
]

$ jq . startMeUp02.json
{
  "name": "別不同",
  "isOpen": false,
  "評価": 4.5,
  "hours": [
    "11:00",
    "15:00"
  ],
  "contact": {
    "phone": "09-123-4567",
    "メール": "booking@starcafe.com"
  }
}
```

出力は、JSON テキストの構造が把握しやすくなるよう整形されます。配列は要素単位で、オブジェクトはプロパティ単位で改行されます。加えて、値が配列など入れ子で構造化されている startMeUp02.json の hours や contact プロパティでは、それらがさらにインデントされます。

■ 1.1.1 コマンドの書式

jq コマンドの書式は次のとおりです。

```
$ jq [options] filter file.json
```

- options: 任意指定（optional）なコマンドオプション。jq のデフォルトの挙動を変更するときに用いるもので、前記の実行例では用いていません。1.3 節で説明します。
- filter: フィルタ。入力された JSON テキストをどのように処理するかの指示。前記の実行例ではドット（.）ひとつです。本書はこのフィルタの書き方を 1 冊かけて説明していきます。コマンドオプションを介して、ファイルに記述したフィルタを読み込むこともできます（2.2 節）。
- file.json: 入力 JSON テキストファイル。JSON の仕様にのっとったテキストファイルでなければなりません。仕様は付録 B を参照してください。ファイルからだけでなく、標準入力あるいはフィルタ内に記述した直値からでも入力できます。入力方法は 2.1 節で説明します。

■ 1.1.2 フィルタの保護

　上記のフィルタは . だけで構成されていますが、複雑なものになるとスペースや特殊記号も含まれます。フィルタの特殊記号がシェルに先行して解釈（展開）されないようにするため、フィルタはシングルクォート（'）でくくります。

　特殊記号が含まれたフィルタをシングルクォートなしで記述すると、エラーが発生したり、思わぬ挙動を示すことがあります。次の例で、フィルタ ., .（ドット、カンマ、スペース、ドット）を用いたときの動作を示します（カンマの用法は 3.2 節）。jq の文法上適正なフィルタなのでシングルクォートでくくれば正常に動作しますが、くくられないとエラーが発生します。

```
$ jq '., .' startMeUp01.json                # シングルクォートされている
[
  "焼餐包",
  "焼卖皇",
  ...                                       # 以下略

$ jq ., . startMeUp01.json                  # ないとエラー
jq: error: syntax error, unexpected $end (Unix shell quoting issues?)
  at <top-level>, line 1:
```

```
.,
jq: 1 compile error
```

シェルはコマンド行をスペースで分解するので、指定のフィルタは `.,`（ドットカンマ）、`.`（ドット）、startmeUp01.json の 3 つの文字列として jq に引き渡されます。jq は最初の `.,` をフィルタと解釈しますが、これは文法上不正です（中途半端に終わっている）。そのため、「1 行目の `.,` に文法上のエラーがあります」（意訳）というエラーを発して異常終了します。また、「Unix シェルのクォートはちゃんとしてる？」とのヒントも示されています。

単一の `.` のように特殊記号を含まない 1 単語のフィルタならシングルクォートは必要ありませんが、いつもくくるように習慣づけるとよいでしょう。

Windows ではフィルタをシングルクォートでくくると逆にエラーになります。

■ 1.1.3 不正な JSON テキスト

JSON の仕様に反したテキストはエラーになります。たとえば、startMeUp01.json ファイル末尾の閉じ角括弧（]）を削除するとエラーが報告されます。

```
$ cat startMeUp01.json                          # 末尾の]がない
["烧餐包", "烧卖皇", "虾饺", "韭菜饺"

$ jq '.' startMeUp01.json                       # エラー
parse error: Unfinished JSON term at EOF at line 2, column 0
```

1.2 フィルタ

入力 JSON テキストの処理方法を記述したフィルタはどこまでも複雑になりえますが、本節では、入力から所定の要素を取りだすベーシックな記法を紹介します。

■ 1.2.1　アイデンティティ

もっともシンプルなフィルタは、. だけで構成されたものです。ドットは「その JSON テキスト」のトップレベルを指す記号で、マニュアルはこれをアイデンティティ（identity）と呼んでいます。

配列がひとつだけ収容された startMeUp01.json なら、前後をくくる [] も含めてドット直下のレベルにある 4 つの要素すべてを指します。

図 1.1 ● startMeUp01.json の構造

startMeUp02.json なら、ドットを起点とした階層構造で示される JSON テキスト全体です。これには全体をくくる {} も含まれます。また、hours や contact のように値がさらに構造化されているときはその中身も再帰的に表示されます。

図 1.2 ● startMeUp02.json の構造

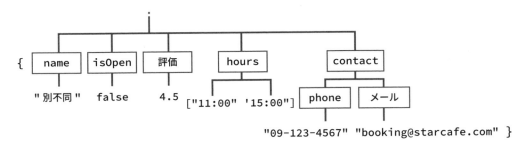

■ **1.2.2 オブジェクトへのパス**

JSON テキストにある `.` 配下の要素は、`.` を起点としたパス構造で参照できます。たとえば、startMeUp02.json のトップレベルにある name プロパティには `.name` から、isOpen プロパティには `.isOpen` からアクセスできます。このように、ドットを起点にした要素の参照をパス（path）といいます。ファイルシステム内のカレントディレクトリ（.）からその配下のディレクトリのファイルを指定するのとおなじ要領です。

```
$ jq '.name' startMeUp02.json                    # nameの値だけを抽出
"別不同"

$ jq '.isOpen' startMeUp02.json                  # isOpenの値だけを抽出
false
```

出力はそのプロパティの値です。プロパティ名（キー）は出力されません（キーとともに出力する方法は 8.2 節）。name プロパティの値は文字列なので、出力もダブルクォートでくくられています。isOpen プロパティの値は真偽値なのでくくられません。

プロパティ hours および contact の値は、それぞれ配列とオブジェクトです。そのため、`.contact` をパスに指定すると、`.` 同様、その位置から下の要素をすべて示します。

```
$ jq '.contact' startMeUp02.json                 # contactの値を抽出
{                                                # 結果はオブジェクト
  "phone": "09-123-4567",
  "メール": "booking@starcafe.com"
}
```

contact プロパティの値であるオブジェクトの内部の phone プロパティを参照するときは、`.contact.phone` のようにプロパティ名をドットでチェーンします。ファイルシステムのアナロジーでいえば、カレントディレクトリ配下の contact ディレクトリにあるファイル name を参照しているイメージです。

```
$ jq '.contact.phone' startMeUp02.json           # contactのphoneの値
"09-123-4567"
```

■ 1.2.3 特殊なプロパティ名

startMeUp02.json には、日本語（Unicode 文字）で記述したプロパティ名があります。トップレベルの " 評価 " と contact プロパティの " メール " です。英数文字以外は特殊文字なため、プロパティ名をダブルクォート（"）でくくらなければなりません。つまり、." 評価 "、.contact." メール " です。クォートなしで参照するとエラーになります。

JSON のプロパティ名に使ってはならない文字はありません。ただし、疑問符（?）、バックスラッシュ（\）、制御文字（ASCII コードで 0x00 から 0x1f）はバックスラッシュでエスケープしなければなりません。

```
$ jq '.評価' startMeUp02.json                    # くくられていないのでエラー
jq: error: syntax error, unexpected INVALID_CHARACTER (Unix shell quoting issues?)
  at <top-level>, line 1:
.評価
jq: error: try .["field"] instead of .field for unusually named fields
  at <top-level>, line 1:
.評価
jq: 2 compile errors

$ jq '."評価"' startMeUp02.json                   # ."評価"はOK
4.5

$ jq '.contact.メール' startMeUp02.json           # 裸のメールなのでエラー
jq: error: syntax error, unexpected INVALID_CHARACTER,
  expecting FORMAT or QQSTRING_START (Unix shell quoting issues?)
  at <top-level>, line 1:
.contact.メール

jq: 1 compile error

$ jq '.contact."メール"' startMeUp02.json         # "メール"をくくればOK
"booking@starcafe.com"
```

エラーの 2 行目は「普通ではないプロパティ名なら .["field"] を使え」と、"" でくくったプロパティ名をさらに [] でくくるように勧めています。たとえば、.[" 評価 "] です。これも適正な用法ですが、本書では使いません。

　ダブルクォートでくくるときは、プロパティ名だけくくるよう注意します。アイデンティティ . とプロパティ名の組みあわせだからです。". 評価 " や ."contact. メール " のように全体を一気にくくると、思わぬ結果が得られます。

　たとえば、ドットはクォートの外にでているものの、."contact. メール " はプロパティが存在しないという意味で null を出力します。contact の配下の " メール " ではなく、トップレベルの contact. メールという 1 単語のプロパティ名を参照しているからです。

```
$ jq '."contact.メール"' startMeUp02.json          # そのようなプロパティはない
null
```

■ 1.2.4　配列要素へのパス

　配列要素を要素番号から参照するときのパスは、[n] です。n は 0 からカウントします。startMeUp01.json には 4 つの要素が収容されているので、n の値は 0 から 3 の範囲です。参照するには、トップレベルからスタートしてその配下の配列を参照するという意味で . を先頭に加えなければなりません。たとえば、（0 からカウントして）1 番目の要素である " 焼売皇 " は .[1] から参照します。

```
$ jq '.[1]' startMeUp01.json                      # 1番目の要素
"焼売皇"
```

　配列範囲外の要素を指定すると、一般的なプログラミング言語ではエラー（Out of Range など）が発生しますが、jq は存在しないプロパティ名同様、null を出力します。

```
$ jq '.[100]' startMeUp01.json                    # 範囲外
null
```

startMeUp02.json の hours プロパティの値は配列です。その要素へのアクセスも、上記とおなじ要領で [n] を用います。ただし、トップレベルからみて hours プロパティの配列要素なので .hours を先頭に加えます。

```
$ cat startMeUp01.json | jq '.hours[0]'          # hours配列の0番目の要素
"11:00"

$ cat startMeUp01.json | jq '.hours[1]'          # hours配列の1番目の要素
"15:00"
```

■ 1.2.5　イテレータ

角カッコ [] はなかに数値（配列）あるいは文字列（オブジェクト）が記述されないときはイテレータと解釈されます。イテレータ（iterator）は配列やオブジェクトの要素を順に取りだして処理するメカニズムで、端的には要素数分のループです。イテレータを作用させると、その要素が順に出力されます。次の例では、トップレベルの . にイテレータ [] を作用させることで、4つの要素を順に取りだしています。

```
$ jq '.[]' startMeUp01.json                       # 4つの要素ぜんぶ
"烧餐包"
"烧卖皇"
"虾饺"
"韭菜饺"
```

出力結果は単体の . と似ていますが、やや異なります。

. は「トップレベルからみたその JSON テキスト全体」なので、出力は配列です。そのことは、出力の前後に置かれた [] から示されています。つまり、フィルタ . はひとつの JSON テキスト（中身は4要素の配列）を受け取り、そのままひとつの JSON テキストとして（整形しつつ）出力します。

これに対し、.[] は「トップレベルからみたその JSON テキスト（の配列）を要素単位で抽出し、ループしながらすべて書きだす」という意味なので、4つの要素をくくる [] はありません。このとき、4つの要素はそれぞれ独立した JSON テキストです（{} や [] でくくられていない生の文字列ひとつ、数値ひとつだけでも立派な JSON テキストです）。言い換えれば、もとの（配列という）構造はなくなります。

イテレータ [] はオブジェクトにも利用できます。その場合、要素番号ではなくプロパティ名（キー）でループし、その値を順に取りだします。次の例では、startMeUp02.json の contact プロパティの値であるオブジェクトの値を順次抽出しています。

```
$ jq '.contact[]' startMeUp02.json                    # contactの値を抽出
"09-123-4567"
"booking@starcafe.com"
```

startMeUp02.json 全体に適用すれば、トップレベルのプロパティの値をすべて取得できます。

```
$ jq '.[]' startMeUp02.json
"別不同"                                               # nameの値
false                                                 # isOpenの値
4.5                                                   # "評価"の値
[                                                     # hoursの値
  "11:00",
  "15:00"
]
{                                                     # contactの値
  "phone": "09-123-4567",
  "メール": "booking@starcafe.com"
}
```

hours や contact のように値がさらに配列やオブジェクトのときは、構造を保ったまま表示されるところに注意してください。

構造をすべて解消して値だけ取り出すには、再帰のダブルドット（..）と基本型だけを選択的に抽出する関数 scalars をパイプ（|）で組みあわせます。これらは 3.6 節、4.2 節、3.3 節でそれぞれ説明します。

```
$ jq '.. | scalars' startMeUp02.json
"別不同"                                               # nameの値
false                                                 # isOpenの値
4.5                                                   # "評価"の値
"11:00"                                               # hoursの0番目の値
"15:00"                                               # hoursの1番目の値
"09-123-4567"                                         # contactのphoneの値
"booking@starcafe.com"                                # contactの"メール"の値
```

1.3 コマンドオプション

jq には、基本動作を変更するコマンドオプションがあります。ダブルハイフン（--）で始まるのが正式ですが、頻繁に用いるものにはシングルハイフン（-）とアルファベット 1 文字からなるショートカット版もあります。

コマンドオプションはフィルタの前に記述します。あまりありませんが、付随するパラメータを指定するものもあります。その場合は、スペースを隔てて --indent ⌴ 3 のように記述します。--raw-output --compact-output のように複数のオプションを併記できますが、それらが背反するときは、あとに指定したほうが採用されます。

本節では、出力のフォーマットを変更するコマンドオプションを中心に説明します。残りは第 2 章と第 10 章でその都度取り上げます。

■ 1.3.1 バージョン

--version は jq のバージョン番号を表示してから正常終了します。フィルタや入力は無視されます。

```
$ jq --version
jq-1.6

$ jq --version '.[]' startMeUp01.json          # フィルタもファイルも無視
jq-1.6
```

■ 1.3.2 インデント幅の変更

デフォルトのインデント幅はスペース 2 つです。このスペース 2 個をタブ（\t あるいは 0x09）1 個に置き換えるには、--tab オプションを用います。通常、タブはスペース換算で 8 文字分です。

```
$ jq --tab '.' startMeUp02.json
{
        "name": "別不同",
        "isOpen": false,
        "評価": 4.5,
```

```
            "hours": [
                    "11:00",
                    "15:00"
            ],
            "contact": {
                    "phone": "09-123-4567",
                    "メール": "booking@starcafe.com"
            }
    }
```

任意のスペース幅にするには、--indent <n> オプションを用います。<n> がインデント幅です。
次に、スペース3つ分を指定したときの出力を示します。

```
$ jq --indent 3 '.' startMeUp02.json
{
   "name": "別不同",
   "isOpen": false,
   "評価": 4.5,
   "hours": [
      "11:00",
      "15:00"
   ],
   "contact": {
      "phone": "09-123-4567",
      "メール": "booking@starcafe.com"
   }
}
```

■ 1.3.3 ダブルクォートを外す

jq は、JSON 仕様にのっとって文字列をダブルクォートつきで表示します。ダブルクォートを外
すには、--raw-output（ショートカットは -r）を指定します。ダブルクォートがあると字面が詰
まって読みにくいことがあるので、本書ではよく用います。

```
$ jq --raw-output '.[]' startMeUp01.json
焼餐包
焼売皇
```

虾饺
韭菜饺

--raw-output は最終的な結果が文字列のときに適用されます。最終結果が配列やオブジェクト
のときは、その中身の配列要素やプロパティ名はダブルクォートでくくられたままです。

```
$ jq -r '.' startMeUp01.json                         # 出力が配列のとき
[
  "烧餐包",
  "烧卖皇",
  "虾饺",
  "韭菜饺"
]

$ jq -r '.contact' startMeUp02.json                  # 出力がオブジェクトのとき
{
  "phone": "09-123-4567",
  "メール": "booking@starcafe.com"
}
```

この機能は jq の出力をシェル変数に代入するときに便利です。変数にはダブルクォート抜きで
値を収容するのが一般的だからです。用例は 2.1 節で紹介します。

■ 1.3.4　コンパクト出力

jq はデフォルトで 1 行 1 要素で出力を整形します。縦長だと読みにくいときは、横に印字する
--compact-output（ショートカットは -c）を用います（紙面の都合で結果は折り返されています
が、もとは 1 行です）。

```
$ jq --compact-output '.' startMeUp01.json
["烧餐包","烧卖皇","虾饺","韭菜饺"]

$ jq -c '.' startMeUp02.json                          # ショートカットの-cも可
{"name":"別不同","isOpen":false,"評価":4.5,"hours":["11:00","15:00"],"contact":{"phone":
"09-123-4567","メール":"booking@starcafe.com"}}
```

パス指定をしたときにも適用されます。

```
$ jq -c '.contact' startMeUp02.json
{"phone":"09-123-4567","メール":"booking@starcafe.com"}
```

コンパクト化は配列やオブジェクトなど構造化された出力テキストにしか作用しません。たとえ
ば、startMeUp01.json に適用したイテレータ .[] は構造のない 4 つの文字列を出力します。これ
らはそれぞれ独立した JSON テキストとみなされるため、--compact-output を指定しても 4 行表
示は変わりません。

```
$ jq --compact-output '.[]' startMeUp01.json          # 無構造には作用しない
"烧餐包"
"烧卖皇"
"虾饺"
"韭菜饺"
```

■ 1.3.5 連結

構造化されていない結果を 1 行にまとめるのが、連結の --join-output（ショートカットは
-j）です。このコマンドオプションは --raw-output とおなじように文字列からダブルクォートを
外します。

```
$ jq --join-output '.[]' startMeUp01.json
烧餐包烧卖皇虾饺韭菜饺
```

出力が構造化されているときは、連結されません。

```
$ jq --join-output '.' startMeUp01.json
[
  "烧餐包",
  "烧卖皇",
  "虾饺",
  "韭菜饺"
]                                                      # ここは改行されない
```

　最後の] は改行されないので、続いてプロンプト文字が表示されます。--join-output は --raw-output から各要素末に加える改行を省くだけだからです。

　無定見に文字列を連結するだけなので、逆に読みにくくなるきらいがあります。複数の文字列をスペースなどで間を空けつつ 1 行で表示したいのなら、次に示すように配列要素の連結関数 join（6.1 節）を用いたほうがよいでしょう。

```
$ jq '. | join(", ")' startMeUp01.json
"烧餐包, 烧卖皇, 虾饺, 韭菜饺"
```

■ 1.3.6　Unicode の表示

　JSON が採用している文字コードは Unicode で、その符号化方式は UTF-8 あるいは UTF-16 です。一般的な Unix のコンソールは UTF-8 をサポートしていますが、適切に表示できない環境もあります。文字化けで判別がつかないときは、--ascii-output（ショートカットは -a）から、非 ASCII 文字列を \u8c5a のような Unicode コードポイント（文字コード）の表記で出力できます。

```
$ jq --ascii-output '.' startMeUp01.json
[
  "\u70e7\u9910\u5305",
  "\u70e7\u5356\u7687",
  "\u867e\u997a",
  "\u97ed\u83dc\u997a"
]
```

　--ascii-output コマンドオプションは ASCII 文字はそのまま出力します。次の例では -a を加えていますが、数字とハイフンだけの contact の phone の値が出力なのでそのままです。

```
$ jq -a '.contact.phone' startMeUp02.json
"09-123-4567"
```

■ 1.3.7　配色の変更

利用しているコンソールがサポートしていれば、jq はデータ型に応じて次のように色分けします。

表1.1 ●デフォルトの配色

データ型	配色
null	グレー
真偽値（true/false）	白
数値	白
文字列	緑
配列	白
オブジェクト	白

配列やオブジェクトでは前後をくくる [] や {} の配色で、中身のプロパティや要素の色ではありません。

モノクロで表示したいときは --monochrome-output（ショートカットは -M）を使用します（モノクロ印刷の本書では区別がつかないので用例は割愛します）。

出力結果をシェルのパイプ（|）を介して他のプログラムに引き渡すと、色はなくなります。色を維持したいときは --color-output（ショートカットは大文字の -C）を指定します。用例を示しますが、書籍では判別がつかないので各自ためしてください。

```
$ jq '.contact' startMeUp02.json | cat            # パイプするとモノクロ
{
  "phone": "09-123-4567",
  "メール": "booking@starcafe.com"
}

$ jq -C '.contact' startMeUp02.json | cat          # -Cでパイプすればカラー
{
  "phone": "09-123-4567",
  "メール": "booking@starcafe.com"
}
```

出力の着色機能は Unix ターミナルに実装されているエスケープシーケンス（termcap など）によるものなので、配色は変更できます。具体的には、JQ_COLORS 環境変数に 7 種類のデータ型それぞれの配色を指定します。詳細は jq マニュアルの Colors 章を参照してください。また、色と値

の関係や書式については、次の ANSI escape code を参照してください。

```
https://en.wikipedia.org/wiki/ANSI_escape_code
```

■ 1.3.8　プロパティ名のソート

オブジェクトのプロパティの登場順序をソートするには --sort-keys（ショートカットは大文字の -S）を用います。

```
$ jq --sort-keys '.' startMeUp02.json
{
  "contact": {
    "phone": "09-123-4567",
    "メール": "booking@starcafe.com"
  },
  "hours": [
    "11:00",
    "15:00"
  ],
  "isOpen": false,
  "name": "別不同",
  "評価": 4.5
}
```

ソートは Unicode のコードポイント順です。また、トップレベルのプロパティ名だけがソートされ、プロパティ値に収容されているオブジェクト（たとえば contact プロパティの値）はソートされずに入力とおなじ順序のままです。

コマンドオプションの名称に「キー」があることからわかるように、ソートの対象はプロパティ名だけです。配列要素には作用しません。

■ 1.3.9　複数のオプション

コマンドオプションは複数を同時に指定できますが、互いに背反するものが指定されたときは、あとから指定されたほうが採用されます。また、ショートカットは -Mc のようにひとまとめにできます。順序は問いません。次の例では、--monochrome-output の -M と --compact-output の -c を、

順序を変えながら一気に指定しています。どちらでもおなじ結果です。

```
$ jq -Mc '.' startMeUp01.json                    # -Mと-c
["焼餐包","焼卖皇","虾饺","韭菜饺"]

$ jq -cM '.' startMeUp01.json                    # -cと-M
["焼餐包","焼卖皇","虾饺","韭菜饺"]
```

1.4 まとめ

　本章では、とりあえず使い始めるということで最もベーシックなフィルタと出力スタイルを変更するコマンドオプションを説明しました。重要な点は次のとおりです。

- jq コマンドの第 1 引数はフィルタ、第 2 引数はファイルです。オプションで第 1 引数の前にコマンドオプションも指定できます。
- フィルタは特殊記号がシェルに解釈されないよう、つねにシングルクォート（'）でくくることが推奨されます。たとえば、'.' です。
- 最もベーシックなフィルタはドット（.）で、これは「この JSON テキスト」を指します。
- 階層的なオブジェクトのプロパティを参照するときは、ドットからプロパティ名を連鎖します。たとえば、.contact.phone です。
- 非 ASCII 英数文字のプロパティ名はダブルクォート（"）でくくります。たとえば、." 評価 " です。
- 配列要素の参照は [n] です。たとえば、.hours[0] です。
- オブジェクトや配列で中身をループするには、イテレータ [] を指定します。たとえば、.hours[] です。

第2章

入出力

本章では jq の入出力を説明します。入力については複数ファイルの扱いに加えて、標準入力や入力のない状態での操作（2.1 節）とフィルタをファイルに記述するときの記法と読み込み方法（2.2 節）を説明します。出力では jq の終了コード（2.3 節）と別の言語系の特殊文字をその表現に変換、たとえば HTML 用に & を & に置換する方法（2.4 節）を示します。

本章では第 1 章で用いた startMeUp01.json と startMeUp02.json に加え、次の startMeUp03.json をテストに用います。

```
$ cat startMeUp03.json
["鸡肉", "猪肉", "牛肉"]
["烤", "蒸", "熬"]
["中點", "大點", "特點"]
```

このテストファイルには、それぞれ独立した 3 つの JSON テキストが収容されています。各行はそれぞれ仕様にのっとった配列ですが、ファイル全体は構造化されていません。このようなデータは、JSON テキストが追記されていくログファイルで見かけます。また、REST サーバがストリーム状に複数の JSON テキストレスポンスするときにも出てきます。

2.1 入力

jq にはファイルからも標準入力からも JSON テキストを入力できます。どちらのケースでも、いちどきに複数を受けつけます。

2.1.1 複数のファイル

コマンドラインから複数のファイルを指定すると、jq はそれらを個別に処理します。

```
$ jq  '.' startMeUp01.json startMeUp02.json          # ファイルふたつを指定
[                                                    # ひとつめ
  "烧餐包",
  "烧卖皇",
  "虾饺",
  "韭菜饺"
]                                                    # ,がないところに注目
{
  "name": "别不同",                                   # ふたつめ
  "isOpen": false,
  "評価": 4.5,
  "hours": [
    "11:00",
    "15:00"
  ],
  "contact": {
    "phone": "09-123-4567",
    "メール": "booking@starcafe.com"
  }
}
```

ふたつのファイルの出力はそれぞれ独立で、間に構造はありません。このことは、1 行目の配列と 2 行目のオブジェクトが {} や [] でまとめられておらず、それぞれのかたまりの間にカンマ（,）がないことからもわかります。

--compact-output コマンドオプション（1.3 節）を加えておなじ処理をためします。このオプションは JSON テキスト単位にしかコンパクト化しないので、2 ファイル分が 2 行で表示されます。

```
$ jq '.' startMeUp01.json startMeUp02.json
["焼餐包","焼卖皇","虾饺","韭菜饺"]
{"name":"別不同","isOpen":false,"評価":4.5,"hours":["11:00","15:00"],"contact":{"phone":
"09-123-4567","メール":"booking@starcafe.com"}}
```

2.1.2 複数の JSON テキスト

startMeup03.json のようにひとつのファイルに複数の JSON テキストがまとめられているとき
も、それぞれが個別に処理されます。

```
$ jq '.' startMeUp03.json
[                                              # ひとつめ
  "鶏肉",
  "猪肉",
  "牛肉"
]
[                                              # ふたつめ
  "烤",
  "蒸",
  "熬"
]
[                                              # 3つめ
  "中點",
  "大點",
  "特點"
]
```

このファイルにイテレータ .[]（1.2 節）を作用させると、次のように 9 個すべての要素がべた
に出力されます。

```
$ jq '.[]' startMeUp03.json
"鶏肉"                                          # ひとつめの配列
"猪肉"
"牛肉"
"烤"                                            # ふたつめの配列
"蒸"
"熬"
```

```
"中點"                                              # 3つめの配列
"大點"
"特點"
```

これは、2重ループに相当します。外側のループは JSON テキスト単位まわりで、jq それ自体が（フィルタから指示しなくても）自動的に処理します。内側は、イテレータによる配列要素まわりのループです。（フィルタから暗黙的に指示される）出力命令は内側にあるので、計 3 × 3 個の要素がそこから出力されます。次の Python コードと等価です。

```
for json in file:                                  # 3つのJSONテキストを処理
    for element in json:                           # それぞれ3つの要素を処理
        print(element)
```

■ 2.1.3　複数の JSON をまとめる

複数のファイル、あるいは複数の独立した JSON テキストを収容したファイルからの入力を構造化して処理するには --slurp コマンドオプション（ショートカットは小文字の -s）を用います。このコマンドオプションは、それぞれの JSON テキストを要素とした配列を生成します。

> slurp はずるずる音を立てて食事をするという意味です。数本の麺をまとめてすすっている様子だと思えばよいでしょう。

```
$ jq --slurp '.' startMeUp03.json                  # 3つのJSONテキスト
[                                                  # 全体が配列の[でくくられる
  [                                                # 最初の配列が0番目の要素
    "鸡肉",
    "猪肉",
    "牛肉"
  ],                                               # 配列要素を区切るカンマ
  [                                                # 次の配列が1番目の要素
    "烤",
    "蒸",
    "熬"
```

```
    ],
    [                                        # 最後の配列が2番目の要素
      "中點",
      "大點",
      "特點"
    ]
  ]                                          # 全体の配列を閉じる]
```

　複数のファイルでもためしてみましょう --slurp が生成する大枠の配列の 0 番目の要素に startMeUp01.json の配列が、1 番目の要素に startMeUp02.json のオブジェクトがそれぞれ収容されることがわかります。

```
$ jq -s '.' startMeUp01.json startMeUp02.json    # JSONテキストふたつ
[                                                # 全体が配列の[でくくられる
  [                                              # 最初のファイルが0番目
    "烧餐包",
    "烧卖皇",
    "虾饺",
    "韭菜饺"
  ],                                             # 配列要素を区切るカンマ
  {                                              # 次のファイルが1番目
    "name": "別不同",
    "isOpen": false,
    "評価": 4.5,
    "hours": [
      "11:00",
      "15:00"
    ],
    "contact": {
      "phone": "09-123-4567",
      "メール": "booking@starcafe.com"
    }
  }
]                                                # 全体の配列を閉じる]
```

■ 2.1.4 slurp の挙動

--slurp とイテレータ .[] を併用すると、イテレータは --slurp の生成する配列まわりでループします。startMeUp03.json でためすと、次のように 3 つの独立した配列が出力されます。

```
$ jq -s '.[]' startMeUp03.json                    # JSONテキスト別
[
  "鶏肉",
  "猪肉",
  "牛肉"
]
[
  "烤",
  "蒸",
  "熬"
]
[
  "中點",
  "大點",
  "特點"
]
```

--slurp なしでは 9 つの文字列となるのを思い出してください。

続いて、.[1] のように要素を抽出するフィルタを考えてみます。--slurp なしでは、それぞれのテキストの配列から 1 番目を抽出するので、順に "猪肉"、"蒸"、"大點" が得られます。これに対し、--slurp ありでは、.[] は全体を配列としたときの 1 番目なので、2 行目のテキストです。

```
$ jq '.[1]' startMeUp03.json                      # -sなしはそれぞれの1番目
"猪肉"
"蒸"
"大點"

$ jq -s '.[1]' startMeUp03.json                   # -sありは2行目のテキスト
[
  "烤",
  "蒸",
  "熬"
]
```

■ 2.1.5　標準入力

　jq は標準入力からも入力を受けつけます。次の例では、cat からファイルを標準出力に書き出し、それをシェルのパイプ（|）経由で jq に入力しています。

```
$ cat startMeUp01.json | jq '.'              # 標準入力から読む
[
  "烧餐包",
  "烧卖皇",
  "虾饺",
  "韭菜饺"
]
```

　ファイルが対象ならわざわざ cat を介する必要はありせんが、jq 以降の記述をフィルタだけにすると、見とおしがよく、編集も容易です。本書ではこの手を多用しています。

　当然、echo からも JSON テキストを入力できます。jq の機能をテストしたかったり、ドキュメントにあるサンプル JSON テキストをコピー＆ペーストして jq に引き渡すときに便利です。

```
$ echo '"鸡肉"' | jq '.'                      # 文字列ひとつだけ
"鸡肉"

$ echo '["鸡肉", "猪肉", "牛肉"]' | jq '.'      # 3つの文字列の配列
[
  "鸡肉",
  "猪肉",
  "牛肉"
]
```

　echo に記述した文字列全体がシングルクォート（'）でくくられている点に注意してください（'" 鸡肉 "' など）。シングルクォートがないと、文字列をくくるダブルクォート（"）がシェルに消費されてしまいます。JSON の仕様では文字列はダブルクォートでくくられていなければならないため、これは仕様違反でエラーになります。

```
$ echo "鸡肉"                                 # ダブルクォートがなくなる
鸡肉

$ echo "鸡肉" | jq '.'                        # JSON仕様違反なのでエラー
```

```
parse error: Invalid numeric literal at line 2, column 0

$ echo ["鶏肉", "猪肉", "牛肉"]                            # 配列要素の"も消える
[鶏肉, 猪肉, 牛肉]

$ echo ["鶏肉", "猪肉", "牛肉"] | jq '.'                  # こちらもエラー
parse error: Invalid numeric literal at line 1, column 8
```

数値、null、真偽値（true/false）はくくらずにそのまま記述するのが仕様なので、これらをシェルで書くときはシングルクォートでくくらなくても問題は起こりません。

```
$ echo [1, 2, null, true, false] | jq '.'               # 正常に動作
[
  1,
  2,
  null,
  true,
  false
]
```

もっとも、記述するデータの型に応じてシングルクォートのありなしを切り替えるのは面倒ですし、思わぬエラーのもととなるので、シングルクォートでくくる習慣をつけておくとよいでしょう（文字列に ' が入っているときはややこしいですが）。

標準入力とファイルが併記されたときは、ファイルが優先され、標準入力は無視されます。

```
$ cat startMeUp02.json  | jq -c '.' startMeUp01.json    # 標準入力側は無視される
["焼餐包","焼卖皇","虾饺","韭菜饺"]
```

■ 2.1.6　プログラムの出力を処理

他プログラムとの連携では、標準入力はとくに便利です。curl などテキスト指向のウェブクライアントから得た JSON テキストレスポンスを、ファイルを経由することなく、直接 jq で処理できます。次の例では、curl で GitHub の REST API にリクエストを送信し、そのレスポンスをそのまま jq で処理しています（長い行は手作業で切り詰めています）。

```
$ curl -sk https://api.github.com | jq '.'
{
  "current_user_url": "https://api.github.com/user",
  "current_user_authorizations_html_url": "https://github.com/settings/...",
  "authorizations_url": "https://api.github.com/authorizations",
  "code_search_url": "https://api.github.com/search/code?q={query}{&page,...}",
  ...
}
```

　所定のプロパティ値をシェル変数に直接代入し、あとで使いまわすのはよく見るスクリプティングテクニックです。次の例では、上記 GitHub のレスポンスから current_user_url プロパティの値（URL）を抽出して変数 URL に格納し、再度 curl からそこにアクセスしています。

```
$ URL=`curl -sk https://api.github.com | jq -r '.current_user_url'`

$ echo $URL                                          # 変数URLの中身を確認
https://api.github.com/user

$ curl $URL                                          # $URLから再度アクセス
{
  "message": "Requires authentication",
  "documentation_url": "https://docs.github.com/rest/reference/users#..."
}
```

　--raw-output コマンドオプション（1.3 節）を併用することで、URL 文字列をくくるダブルクォートを外すのがポイントです。

■ 2.1.7　無入力

　--null-input コマンドオプション（ショートカットは -n）は入力があってもなくてもそれをnull とみなします。指定したファイルも標準入力も無視されます。

```
$ jq --null-input '.'                                # 入力をnullとみなす
null

$ jq -n '.' startMeUp01.json                         # 入力ファイルは無視
null
```

その代わり、フィルタに記述した値を null と置き換えて入力とみなします。

```
$ jq -n '"飲茶"'                                          # 文字列を入力とする
"飲茶"
```

フィルタに記述した値は入力なので、普通に jq の操作を施せます。次の例では入力を 3 要素の配列としたうえで、jq の機能からその 0 番目の要素を抽出しています。

```
$ jq -n '[1, 2, 3][0]'
1
```

シンプルな値から jq の動作を確認するときに便利で、本書でもよく用います。

■ 2.1.8　入力を文字列として扱う

--raw-input コマンドオプション（ショートカットは -R）は、入力がどのようなものであれ、JSON テキスト全体をひとつの文字列として読み込みます。文字列をくくるダブルクォートや改行文字などの特殊文字はエスケープされます。

```
$ jq -R '.' startMeUp01.json
"[\"烧餐包\", \"烧卖皇\", \"虾饺\", \"韭菜饺\"]\r"
```

ただの文字列と解釈するので、入力が JSON テキストな必要もありません。次の例では echo から HelloWorld を出力し、jq に引き渡しています。HelloWorld は文字列で、文字列は JSON 上はダブルクォートでくくらねばならず、入力が JSON でなければ jq をエラーを返すので、本来はエラーです。しかし、-R を介すれば、入力は単純にダブルクォートでくくられて出力されるだけです。

```
$ echo HelloWorld | jq '.'                               # 文字列ではないのでエラー
parse error: Invalid numeric literal at line 2, column 0

$ echo HelloWorld | jq -R '.'                            # エラーにならない
"HelloWorld"
```

■ 2.1.9 JSON テキストシーケンス

大きな JSON データを扱うサーバには、データを小分けにして返信するものがあります。具体的には、サーバは Content-Type ヘッダに application/json-seq を記述することでデータが分割されていることを示します。また、それぞれの分割データの開始点と終了点はレコードセパレータ文字と改行文字で示されます。この仕組みは JSON テキストシーケンスと呼ばれ、RFC 7464 で定義されています。

次の例は、文字列ひとつから構成される JSON テキストふたつを、それぞれ分割して送信したときのストリームデータを示しています。

```
<RS>"dim sum"<LF><RS>"yum cha"<LF>
```

<RS> はレコードセパレータで、ASCII コードは 0x1e です。<LF> は改行で、おなじみ 0x0a です。具体的には、次のようなバイトシーケンスになります（出力には od を使用）。

```
0000000  1e  22  64  69  6d  20  73  75  6d  22  0a  1e  22  79  75  6d
         036   "   d   i   m       s   u   m   "  \n 036   "   y   u   m
0000020  20  63  68  61  22  0a
              c   h   a   "  \n
```

jq は、デフォルトではこのようなネットワークストリームデータからレコードセパレータを取り除いて処理します。次の例では、データを printf コマンドからシミュレーションしています（\036 は 8 進数表記）。

```
$ printf '\036"dim sum"\n\036"yum cha"\n' | jq '.'
"dim sum"
"yum cha"
```

バイトシーケンスからレコードセパレータが除去されていることを確認します。

```
$ printf '\036"dim sum"\n\036"yum cha"\n' | jq '.' | od -t x1c
0000000  22  64  69  6d  20  73  75  6d  22  0a  22  79  75  6d  20  63
          "   d   i   m       s   u   m   "  \n   "   y   u   m       c
0000020  68  61  22  0a
          h   a   "  \n
```

JSON テキストシーケンスをそのままで扱いたいときは --seq コマンドオプションを用います。

```
$ printf '\036"dim sum"\n\036"yum cha"\n' | jq --seq '.' | od -t x1c
0000000  1e  22  64  69  6d  20  73  75  6d  22  0a  1e  22  79  75  6d
        036   "   d   i   m       s   u   m   "  \n 036   "   y   u   m
0000020  20  63  68  61  22  0a
             c   h   a   "  \n
```

結果からわかるように、0x1e のレコードセパレータが温存されます。

2.2 フィルタファイル

複雑な構造のフィルタは、じかにシェルから書くよりは、ファイルに書いたほうが楽です。シェル対策のシングルクォートは不要で、コメントもつけられます。

まずは簡単なものから。次の input01.txt には、.contact." メール " とそのコメントだけが含まれています。コメントは # で始まり、以降の文字が無視されます。ここでは拡張子に .txt を使っていますが、なんでもよく、なくてもかまいません（Unix にはもともと拡張子はない）。

```
$ cat input01.txt
.contact."メール"                                          # Test
```

フィルタファイルを読み込むには --from-file コマンドオプション（ショートカットは -f）を用います。

```
$ jq -f input01.txt startMeUp02.json
"booking@starcafe.com"
```

次の例では、startMeUp02.json の contact プロパティのふたつの値をカンマ区切りで 1 行で表示するフィルタを記述した input02.txt を用います。用いられている技法は別途説明するので、複雑なフィルタはファイルでならこのように複数行で書けるというところだけに注目してください。

```
$ cat input02.txt                                # 複数行からなるフィルタ
# 2021-01-04: サンプルフィルタファイル
```

```
  .contact |
  [.phone, ."メール"] |
    join(", ")

$ jq -f filter02.txt startMeUp02.json              # 実行結果
"09-123-4567, booking@starcafe.com"
```

　ファイル中の改行コードは Unix スタイルの LF（0x0a）でなければなりません。次の例では、上記 input02.txt の改行コードを Windows スタイルの CRLF に変換した input02-crlf.txtde ではエラーになる様子を示します。

```
$ od -t x1 input02-crlf.txt                        # odから改行コードを確認
0000000 23 20 32 30 32 31 2d 30 31 2d 30 34 3a 20 e3 82
0000020 b5 e3 83 b3 e3 83 97 e3 83 ab e3 83 95 e3 82 a3
0000040 e3 83 ab e3 82 bf e3 83 95 e3 82 a1 e3 82 a4 e3
0000060 83 ab 0d 0a 2e 63 6f 6e 74 61 63 74 20 7c 0d 0a  # 0d 0aが用いられている
0000100 20 5b 2e 70 68 6f 6e 65 2c 20 2e 22 e3 83 a1 e3
0000120 83 bc e3 83 ab 22 5d 20 7c 0d 0a 20 20 20 6a 6f
0000140 69 6e 28 22 2c 20 22 29 0d 0a

$ jq -f input02-crlf.txt startMeUp02.json
jq: error: syntax error, unexpected INVALID_CHARACTER,
  expecting $end (Unix shell quoting issues?)
  at <top-level>, line 1:
jq: 1 compile error
```

2.3　終了コード

　jq も、他の Unix コマンド同様、終了時に終了コード（exit code）を返します。実行成功時には 0、失敗時には 0 以外です。

　終了コードは $? から参照できます（Windows では %errorlevel%）。次の例は、jq が成功裏に終了しているので 0 を返します。

```
$ cat startMeUp01.json | jq '.isOpen'
false
```

```
$ echo $?                                          # 終了コードを参照
0
```

存在しないプロパティ名や配列要素を参照しても null を返すだけで、エラーは発生しません。
終了コードも 0 のままです。

```
$ cat startMeUp01.json | jq '.isClosed'            # そのプロパティは存在しない
null

$ echo $?                                          # 終了コードは成功を示す
0
```

■ 2.3.1　終了コードの変更

　最終的な出力結果が null あるいは false のときはエラー扱いにする、つまり 0 以外の値を返し
てほしいときは、--exit-status コマンドオプション（ショートカットは -e）を指定します。これ
で、上記のような結果のときは 1 が返ってきます。

```
$ cat startMeUp01.json | jq -e '.isClosed'         # 存在しないプロパティ
null

$ echo $?                                          # -eオプションがあるので1
1

$ cat startMeUp01.json | jq -e '.isOpen'           # 存在するプロパティ
false

$ echo $?                                          # 存在するがfalseなので1
1
```

■ 2.3.2　その他の終了コード

　2 以上の終了コードは一般的なエラーです。次に、文法的に誤っているためにコンパイルできな
いフィルタを指定したため、終了コード 3 が返ってくる例を示します。

```
$ cat startMeUp01.json | jq '.{}'                      # 文法上のエラー
jq: error: syntax error, unexpected '{' (Unix shell quoting issues?)
  at <top-level>, line 1:
.{}
jq: error: try .["field"] instead of .field for unusually named fields
  at <top-level>, line 1:
.{}
jq: 2 compile errors

$ echo $?                                              # コンパイルエラー3
3
```

終了コードとその意味をまとめた表を次に示します。

表 2.1 ●終了コード

コード	意味
0	実行は成功
1	--exit-status が用いられており、実行は成功だが最後に出力した値が false または null のとき
2	一般的なエラー
3	コンパイルエラー
4	適切な出力が得られなかったエラー
5	実行が途中で停止したエラー

2.4 出力文字の変換

　JSON テキスト中の文字は、次表に示す @ から始まるフォーマット指定文字（format string）で各種のフォーマットに変換できます。

表 2.2 ●フォーマット指定文字

指定文字	機能
@html	<>&'" を HTML のエンティティ参照に変換する
@uri	URI の特殊文字を %xx（パーセントエンコーディング）に変換する
@csv	CSV 形式に変換する（配列のみ）
@tsv	TSV 形式に変換する（配列のみ）
@base64	テキストを Base64 に変換する
@base64d	Base64 形式をテキストに変換する

　JSON テキストを HTML に変換するなど、おおがかりなことをするわけではありません。HTML なら特殊記号の < を < に置換するなど、あくまで文字単位での変換です。また、ひとつの JSON テキストは、それがどんな巨大なものであっても単一の文字列に変換されます（--raw-input とおなじ挙動）。

　まずは、@html から入力がどのように変換されるかをためしてみましょう。

```
$ jq '@html'  startMeUp01.json
"[&quot;焼餐包&quot;,,&quot;焼卖皇&quot;,,&quot;虾饺&quot;,,&quot;韭菜饺&quot;]"
```

　単一の文字列なので、出力全体が先頭と末尾のダブルクォートでくくられています。個々の配列要素のダブルクォートは、HTML のエンティティ参照（entity reference）と呼ばれる " に変換されています。

　@html はすべての可能な文字をエンティティ参照に変換するわけではありません。対象は < (<)、> (>)、& (&)、' (')、" (") だけです。たとえば、著作権記号の © は © と書けますが、@html を介しても © のままです。次の例では対象文字と著作権記号をシェルの echo から @html に入力しています。

```
$ echo '"<>&\"©'"'"'"'"'' | jq '.'
"<>&\"©'"                                         # 文字列中の"は\でエスケープ

$ echo '"<>&\"©'"'"'"'"'' | jq '@html'
"&lt;&gt;&amp;&quot;©&apos;"                       # ©はそのまま
```

　echo の引数は面妖な格好ですが、JSON 文字列として適正な "<>&\"'" を出力させるために 3 部構成になっており、それぞれでシェルのクォートを変えています。最初は JSON 文字列をくくる先頭のダブルクォートも含めた先頭 5 文字の "<>&\"© で、これはシングルクォートでくくっています。なかにある \" はリテラルなダブルクォートです。次は 1 文字の ' で、これはダブルクォートでくくっています。最後は JSON 文字列をくくる " で、これにはシングルクォートを使っています。

　@url もためしてみましょう。これは、URL に含まれる特殊文字を %nn で表現されるパーセントエンコーディング（percent encoding）に変換します。たとえば、スペースは %20 です。

```
$ jq '@uri' startMeUp02.json
"%7B%22name%22%3A%22E5%88%A5%E4%B8%8D%E5%90%8C%22%2C%22isOpen%22%3Afalse%2C%22E8%A9%95
%E4%BE%A1%22%3A4.5%2C%22hours%22%3A%5B%2211%3A00%22%2C%2215%3A00%22%5D%2C%22contact%22%3
```

```
A%7B%22phone%22%3A%2209-123-4567%22%2C%22%E3%83%A1%E3%83%BC%E3%83%AB%22%3A%22booking%40s
tarcafe.com%22%7D%7D"
```

続いては @csv と @tsv です。前者は CSV（Comma Separated Values）に、後者は TSV（Tab Separated Values）に変換します。表形式データ用のフォーマットなので、配列しか受けつけません。

```
$ jq '@csv' startMeUp01.json                          # CSV形式
"\"烧餐包\",\"烧卖皇\",\"虾饺\",\"韭菜饺\""

$ jq '@tsv' startMeUp01.json                          # TSV形式（\tがタブ）
"烧餐包\t烧卖皇\t虾饺\t韭菜饺"

$ jq '@tsv' startMeUp02.json                          # オブジェクトはエラー
jq: error (at startMeUp02.json:1):
  object ({"name":"??...) cannot be tsv-formatted, only array
```

Base64 形式に変換するには @base64 を用います。Base64 はバイナリデータを 64 種類の英数文字に変換する方式です。

```
$ jq '@base64' startMeUp01.json
"WyLng6fppJDljIUiLCLng6fljZbnmociLCLomb7ppboiLCLpn63oj5zppboiXQ=="
```

逆に、Base64 形式で表現された文字列をもとのテキストに戻すには、@base64d を用います。次の例では、@base64 で Base64 化した文字列を、シェルのパイプから再度テキストに戻しています。

```
$ jq '@base64' startMeUp01.json | jq '@base64d'
"[\"烧餐包\",\"烧卖皇\",\"虾饺\",\"韭菜饺\"]"
```

もとのテキストと述べましたが、@base64 は全体を単一の文字列にしているので、@base64d で再変換してももとの startMeUp01.json に戻るわけではありません。また、単一文字列なので、内部のダブルクォートがエスケープされます。

jq を 2 回繰り返さずとも、jq 内部で @base64 による変換と @base64d による再変換を一気に行えます。これには、3.3 節で説明するパイプ（|）を使います。

```
$ jq '@base64 | @base64d' startMeUp01.json
"[\"烧餐包\",\"烧卖皇\",\"虾饺\",\"韭菜饺\"]"
```

エスケープされた JSON 形式のままでは、jq では処理できません。こんなときは、4.2 節で紹介する fromjson 関数からもとの JSON テキストに戻します。

```
$ jq '@base64 | @base64d | fromjson' startMeUp01.json
[
  "烧餐包",
  "烧卖皇",
  "虾饺",
  "韭菜饺"
]
```

本節で取り上げた文字フォーマットについてはいろいろな参考文献があるので検索してください。以下に、オリジナルの仕様を示します（Wikipedia を検索したほうがわかりやすいでしょうけど）。

```
https://www.w3.org/TR/2018/SPSD-html401-20180327/charset.html     # HTML
https://tools.ietf.org/html/rfc3986                              # URI
https://tools.ietf.org/html/rfc4180                              # CSV
https://www.iana.org/assignments/media-types/text/tab-separated-values # TSV
https://tools.ietf.org/html/rfc4648                              # Base64
```

2.5 まとめ

本章では、JSON テキストの入力方法、フィルタのファイル化、コマンドとしての jq の終了コード、各種フォーマット対応の文字変換を説明しました。重要な点は次のとおりです。

● jq への入力方法は、1）ファイル（コマンドラインから指定）、2）標準入力（パイプから入力）、3）--null-input（フィルタ内で値を記述）の 3 つがあります。

● 複数のファイル、あるいは JSON テキストが入力されたとき、jq はそれぞれを個別に処理します。これらをまとめたい（構造化したい）ときは --slurp コマンドオプションを使います。

● ファイルに記述したフィルタは、--from-file コマンドオプションから読み込めます。コメントを挿入したり、改行を入れたりと読みやすくできるので便利です。

● 終了コードは成功なら 0 です。ただし、存在しないプロパティ名などを指定したときも 0 が返ってくるので、そうしたときに 1 を返したいときは --exit-status コマンドオプションを指定します。

● 文字単位でよければ、@html などのフォーマット指定文字から、それぞれの特殊文字を規定の形式に変換できます。たとえば、HTML 用に & を & に置換します。

第3章

フィルタの基本

　本章では、フィルタを構成する特殊記号の意味と用法を説明します。具体的には、1.2 節でも触れた角カッコ [] (3.1 節) に加え、併記のカンマ , (3.2 節)、パイプライン処理のパイプ | (3.3 節)、エラー対応の疑問符 ? (3.4 節)、オブジェクト生成の中カッコ {} (3.5 節)、再帰処理のダブルドット .. (3.6 節) を取り上げます。

　本章のテスト用 JSON ファイルは次に示す filter01.json です。

```
$ cat filter01.json
{
  "赤皿": {
    "品目": ["こはだ", "とびっこ軍艦", "とろたく軍艦", "納豆巻"],
    "価格": 130
  },
  "青皿": {
    "品目": ["びんちょう", "〆さば", "あじ", "いわし"],
    "価格": 210
  },
  "金皿": {
    "品目": ["うなぎ", "あわび", "中トロ", "いくら軍艦"],
    "価格": 430
  }
}
```

3.1 角カッコ

1.2 節で説明したように、角カッコ（[]）にはふたつの機能があります。

- [n] ―配列要素を番号から参照（0 からカウント）。
- [] ―配列あるいはオブジェクトの中身を順に処理（イテレータ）。

本節ではこれらの用法の詳細ともうひとつの機能である配列生成を説明します。

■ 3.1.1 負の配列要素番号

　配列要素の参照で負の番号を指定したときは、配列のうしろからカウントします。たとえばテストファイルの赤皿の納豆巻は、左から（0 から）カウントすれば [3] でアクセスできますが、右からカウントして [-1] からも参照できます。同様に、とろたく軍艦は [2] または [-2] です。

```
$ cat filter01.json | jq '."赤皿"."品目"[3]'          # 納豆巻は左から3番目
"納豆巻"

$ cat filter01.json | jq '."赤皿"."品目"[-1]'         # 右からなら-1番目
"納豆巻"

$ cat filter01.json | jq '."赤皿"."品目"[2]'          # とろたく軍艦は左から2番目
"とろたく軍艦"

$ cat filter01.json | jq '."赤皿"."品目"[-2]'         # 右からなら-2番目。
"とろたく軍艦"
```

　右からカウントするときの最初の値が −1 なのが奇妙な気もしますが、0 番目（最も左の要素）から左方向にひとつ戻る（要素番号を −1 する）として、0 番目の左に要素はないので右端に折り返したと考えれば、右端が −1 番目になります。

■ 3.1.2 配列のスライス

範囲指定もできます。たとえば、0番目から1番目の要素は [0:2] と、コロン（:）を範囲指定記号にして記述します。先頭の値は含みますが、末尾の値は含みません。つまり、[n:m] は「n 以上 m 未満」という意味です。

```
$ cat filter01.json | jq '."金皿"."品目"[0:2]'        # 0番目と1番目
[
  "うなぎ",
  "あわび"
]
```

配列要素の範囲指定は（Python とおなじく）スライス（slice）と呼ばれます。

[n:m] の m の値を省略すると、n 番目から末尾までの値が返ってきます。反対に、n を省略すると 0 番目から m − 1 番目の値が返ってきます。

```
$ cat filter01.json | jq '."金皿"."品目"[2:]'         # 2番目以降
[
  "中トロ",
  "いくら軍艦"
]

$ cat filter01.json | jq '."金皿"."品目"[:1]'         # 1番目以前
[
  "うなぎ"
]
```

始点と終点におなじ値を、あるいは範囲外の値を指定すると中身が空白の配列が返ってきます。null でないところに注意してください。

```
$ cat filter01.json | jq '."金皿"."品目"[2:2]'        # 始点=終点なら[]が返る
[]

$ cat filter01.json | jq '."金皿"."品目"[100:]'       # こちらも[]
[]
```

■ 3.1.3　文字列のスライス

スライスは文字列にも適用でき、指定の範囲の部分文字列を返します。

```
$ echo '"0123456789abcdef"' | jq '.[3:8]'          # 3文字目から7文字目を抽出
"34567"
```

UTF-8 マルチバイト文字も 1 文字は 1 文字でカウントされます。次の例では " とびっこ軍艦 " の 2 番目の文字から 3 文字を抽出しています。

```
$ cat filter01.json | jq '."赤皿"."品目"[1][2:5]'
"っこ軍"
```

部分文字列はスライスでしか抽出できません。1 文字だけ抽出するつもりで [3] のように指定すると、配列要素指定と解釈されます。文字列は配列ではないので、これはエラーです。

```
$ echo '"0123456789abcdef"' | jq '.[3]'            # 配列要素指定と解釈
jq: error (at <stdin>:1): Cannot index string with number

$ echo '"0123456789abcdef"' | jq '.[3:4]'          # スライスならOK
"3"
```

■ 3.1.4　配列の生成

[] には配列を生成する機能もあります。

filter01.json からすべてのタイプの皿からネタの名称だけ抽出し（ぜんぶで 12 種類）、その 3 番目から 7 番目の皿を一気に注文したいとします。これにはまず、トップレベルのオブジェクトを .[] でループすることで各皿のオブジェクトを取得し、さらにその中から品目の配列要素を." 品目 " から抽出し、最後に [] でループします。要するに、2 重ループです。

```
$ cat filter01.json | jq '.[]."品目"[]'            # すべての皿からネタ名を抽出
"こはだ"
"とびっこ軍艦"
"とろたく軍艦"
"納豆巻"
```

```
"びんちょう"
"〆さば"
"あじ"
"いわし"
"うなぎ"
"あわび"
"中トロ"
"いくら軍艦"
```

しかし、これら品目は構造化されていないただの文字列の羅列です。この結果に [3:8] を加えても、各品目の 3 番目から 7 番目の文字が取得されるだけです。文字数が 2 から 6 なので、ほとんどのネタで空文字が出力されます。

```
$ cat filter01.json | jq '.[]."品目"[][3:8]'      # 各ネタの3から7文字目
""                                                # "こはだ"は空文字
"こ軍艦"                                          # "とびっこ軍艦"の末尾3文字
...
```

かといって、末尾の [] を [3:8] にすると、配列である品目の 3 番目から 7 番目を含んだ配列が返ってくるだけです。それぞれの皿には 4 種類の品目しかないので、実質的には末尾の品目だけが表示されます。

```
$ cat filter01.json | jq -c '.[]."品目"[3:8]'     # 各皿の3から7番目の要素
["納豆巻"]
["いわし"]
["いくら軍艦"]
```

そこで、.[]."品目"[] で得られる独立した 12 個の文字列を [] でくくることで配列を生成します。

```
$ cat filter01.json | jq '[ .[]."品目"[] ]'       # 全体を[]でくくる
[
  "こはだ",
  "とびっこ軍艦",
  "とろたく軍艦",
  "納豆巻",
  "びんちょう",
```

```
  "〆さば",
  "あじ",
  "いわし",
  "うなぎ",
  "あわび",
  "中トロ",
  "いくら軍艦"
]
```

出力前後の [] からわかるように、これは配列です。配列なら [3:8] でスライスできます。

```
$ cat filter01.json | jq -c '[ .[]."品目"[] ][3:8]'
[
  "納豆巻",
  "びんちょう",
  "〆さば",
  "あじ",
  "いわし"
]
```

　おなじ [] という記号であっても、置かれる位置や記述される値によって機能が変わる点に注意してください。このフィルタから、角カッコの機能を次の図に示します。

図 3.1 ●輻輳した角カッコとそれぞれの機能

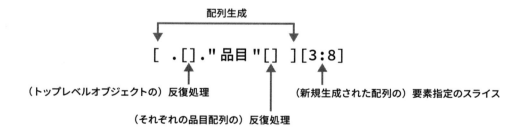

■ 3.1.5　配列の配列

　3つの独立した配列を生成するフィルタ ." 赤皿 "." 品目 " を配列化の [] でくくると、それぞれ要素3つを含んだ配列を収容した配列が出力されます。

```
$ cat filter01.json | jq '[.[]."品目"]'
[
  [
    "こはだ",
    "とびっこ軍艦",
    "とろたく軍艦",
    "納豆巻"
  ],
  [
    "びんちょう",
    "〆さば",
    "あじ",
    "いわし"
  ],
  [
    "うなぎ",
    "あわび",
    "中トロ",
    "いくら軍艦"
  ]
]
```

　配列の配列なので、配列要素の抽出である [0] を末尾に加えると、最初の配列（赤皿の品名）が得られます。

```
$ cat filter01.json | jq '[.[]."品目"][0]'          # 赤皿のネタのみ
[
  "こはだ",
  "とびっこ軍艦",
  "とろたく軍艦",
  "納豆巻"
]
```

さらに配列要素を指定すると、その配列（赤皿の品名リスト）の n 番目の要素が得られます。

```
$ cat filter01.json | jq '[.[]."品目"][0][1]'
"とびっこ軍艦"
```

配列の入れ子は幾層にも重ねられます。次の例は、配列が 4 重の入れ子になっているとき、最終的な配列（1、2、3）の 1 番目の要素を抽出するものです。

```
$ echo [[[[1,2,3]]]] | jq '.'             # 4重配列
[                                          # 1番目
  [                                        # 2番目
    [                                      # 3番目
      [                                    # 4番目
        1,
        2,
        3
      ]
    ]
  ]
]

$ echo [[[[1,2,3]]]] | jq '.[0][0][0][1]'  # 最終の配列の1番目の要素
2
```

3.2 カンマ

複数の要素を並列して抽出するには、カンマ（,）を用います。カンマはいくつ続けてもかまいません。

■3.2.1 複数の配列要素の抽出

複数の配列要素を抽出するには、[ ] のなかで要素番号をカンマ（,）で区切って指定します。記述は番号順である必要はなく、おなじものを複数回指定してもかまいません。負の要素番号も使えます。

```
$ cat filter01.json | jq '."青皿"."品目"[1, 3]'        # 1番目と3番目の要素
"〆さば"
"いわし"

$ cat filter01.json | jq '."青皿"."品目"[2, 1, 0, 3]'  # 2、1、0、3番目の順
"あじ"
"〆さば"
"びんちょう"
"いわし"

$ cat filter01.json | jq '."青皿"."品目"[3, -1]'       # 3番目と-1番目（おなじ）
"いわし"
"いわし"
```

　複数の要素が得られるという点では [n:m] スライスと似ていますが、スライスが指定範囲の要素を含んだ配列を出力するのに対し、カンマ指定は構造化されていない要素の羅列を取得するところに注意してください。両者の違いは、全体をくくる [] のありなしから確認できます。

■ 3.2.2　複数のオブジェクトの抽出

　カンマはオブジェクト参照にも利用できます。次の例では、赤皿と青皿のオブジェクトを抽出しています。

```
$ cat filter01.json | jq -c '."赤皿", ."青皿"'         # 赤皿と青皿のオブジェクト
{"品目":["こはだ","とびっこ軍艦","とろたく軍艦","納豆巻"],"価格":130}
{"品目":["びんちょう","〆さば","あじ","いわし"],"価格":210}
```

　カンマは、Unix の tee に似たおなじ入力を複数に分けるメカニズムと考えることができます。この場合、filter01.json の中身は、それぞれ ."赤皿" と ."青皿" のフィルタに入力、処理されます。おなじ入力がふたつのフィルタに入力されるので、結果はそれぞれ独立した JSON テキストで、構造化されません。

図 3.2 ●カンマの動作

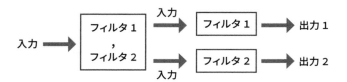

複数のフィルタはそれぞれ独立なので、すべてトップレベルでそろえなければならないとか、配列を混ぜてはいけないという制約はありません。次の例では、赤皿プロパティの値（オブジェクト）、青皿の価格プロパティの値（数値）、そして金皿の品目プロパティ（配列）の2番目の要素を並列して取得しています。

```
$ cat filter01.json | \
  jq -c '."赤皿", ."青皿"."価格", ."金皿"."品目"[2]'
{"品目":["こはだ","とびっこ軍艦","とろたく軍艦","納豆巻"],"価格":130}
210
"中トロ"
```

■ 3.2.3 直値の指定

カンマによる複数フィルタでは、直値も指定できます。たとえば、"回転鮨" という文字列です。固定値のフィルタは入力を処理することなく、その固定値を出力します。

```
$ cat filter01.json | jq '."青皿"."品目"[], "回転鮨"'     # 青皿の品目と"回転鮨"
"びんちょう"
"〆さば"
"あじ"
"いわし"
"回転鮨"
```

3.3 パイプ

　ファイルや標準入力からの入力をフィルタにかけ、その出力結果をさらに別のフィルタにかけるように処理を連鎖するにはパイプ（|）を用います。Unix でおなじみのパイプとおなじです。たとえば、赤皿のオブジェクトを取得し、そこからさらに品目の 2 番目を取得するには次のように実行します。

```
$ cat filter01.json | jq '."赤皿" | ."品目"[2]'
"とろたく軍艦"
```

　赤皿と品目のどちらにも . がつくところに注目してください。最初の ."赤皿" のドットはファイルに収容された JSON テキストのトップレベルを指します。このフィルタは、品目と価格のふたつのプロパティを収容したオブジェクト、つまり {"品目":[...], "価格":130} を返します。次の ."品目" のドットはこのオブジェクトのトップレベルを指示しています。つまり、パイプ後の . はオリジナルの入力のトップレベルではなく、前処理を終了したあとの JSON テキストのトップレベルという相対的な位置を参照するものです。

　こうも書けます。最後の .[2] は、."品目" の結果が配列なので、「この配列の 2 番目の要素」という意味です。

```
$ cat filter01.json | jq '."赤皿" | ."品目" | .[2]'
"とろたく軍艦"
```

　パイプのデータ引き渡しを模式的に描くと次のようになります。

図 3.3 ●パイプによるデータの引き渡し

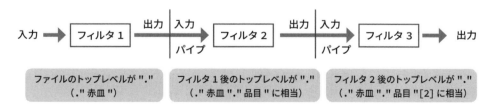

　最終的な結果は、いずれもプロパティ名をドットで連鎖した ."赤皿"."品目"[2] とおなじです。つまり、.a.b.c も .a | .b.c も .a | .b | .c も等価です。

パイプは主として第 4 章から紹介し始める jq のビルトイン関数にデータを引き渡すときに用いられます。

3.4 疑問符

参照先の値が指定の処理に対応していないとエラーが発生します。エラーを無視したいときは、疑問符（?）を末尾に加えます。次の例では、赤皿の価格でループしようとしますが、数値はループできないのでエラーになります。しかし、イテレータの [] に ? を加えるとエラーは報告されません。終了コードも 0 です。

```
$ cat filter01.json | jq '."赤皿"."価格"[]'          # 価格の値は数値
jq: error (at <stdin>:14): Cannot iterate over number (130)

$ echo $?                                          # 終了コードは途中終了の5
5

$ cat filter01.json | jq '."赤皿"."価格"[]?'         # ?を加えるとエラーなし

$ echo $?                                          # 終了コードは成功
0
```

フィルタから出力するものはなにもないので、エラーは無視するものの、結果はカラです。

疑問符はカンマを用いて並列的に処理するときに便利です。どれかひとつが失敗しても、途中で終了しないからです。次の例の先行するフィルタでは、配列のはずの赤皿の品目から、あたかもオブジェクトかのように type プロパティ値を抽出しようとしています。これは当然エラーなので、問題なくとろたく軍艦を返すはずの 2 番目は実行されません。しかし、? を加えれば、前者のエラーはスルーされ、後者が印字されます。

```
$ cat filter01.json | \
  jq '."赤皿"."品目".type, ."赤皿"."品目"[2]'          # 次のフィルタは実行されない
jq: error (at <stdin>:14): Cannot index array with string "type"

$ cat filter01.json | \
  jq '."赤皿"."品目".type?, ."赤皿"."品目"[2]'         # エラーは無視される
"とろたく軍艦"
```

蛇足ですが、." 赤皿 "." 品目 " を 2 回書くのが面倒なら、パイプが使えます。

```
$ cat filter01.json | jq '."赤皿"."品目" | .type?, .[2]' # 上記のパイプ版
"とろたく軍艦"
```

より高度なエラー処理は、10.2 節で説明します。

3.5 中カッコ

[] から配列が生成できるように、中カッコ（{}）からはオブジェクトを生成できます。次の例では、入力された数値 1（. で参照）からオブジェクト {"number": 1} を生成しています。

```
$ jq -n '1 | {"number": .}'                        # オブジェクト生成
{
  "number": 1
}
```

オブジェクトなのでパス .number から値を参照できます。

```
$ jq -n '1 | {"number": .} | .number'
1
```

数値 1、2、3 を収容した配列から、{"number": 数値 } のオブジェクトを 3 つ生成します。

```
$ jq -cn '[1, 2, 3] | .[] | {"number": .}'
{"number":1}
{"number":2}
{"number":3}
```

上記はプロパティ名が固定でプロパティ値が入力に応じて変化しますが、逆にプロパティ値を変化させ、値を固定にしてもかまいません。ただし、即値ではないプロパティ名はカッコ（()）でくくることで評価値（そのものではなくその参照先の値）を利用するように指示します。

```
$ jq -cn '["data1", "data2", "data3"] | .[] | {(.): 10}'
{"data1":10}
{"data2":10}
{"data3":10}
```

もうすこし複雑な例を示します。ファイル filter01.json から赤皿の品目をプロパティ名、その価格（130）を値としたプロパティをもつオブジェクトを生成するには、次のように実行します。前述のように、プロパティ名側には () が必要です。

```
$ cat filter01.json | jq -c '."赤皿" | {(."品目"[]): ."価格"}'
{"こはだ":130}
{"とびっこ軍艦":130}
{"とろたく軍艦":130}
{"納豆巻":130}
```

これらのオブジェクトを要素とした配列を生成するには、全体を配列化の [] でくくります。

```
$ cat filter01.json | jq  '[."赤皿" | {(."品目"[]): ."価格"}]'
[
  {
    "こはだ": 130
  },
  {
    "とびっこ軍艦": 130
  },
  {
    "とろたく軍艦": 130
  },
  {
    "納豆巻": 130
  }
]
```

3.6 ダブルドット

ドット（.）をふたつ重ねたダブルドット（..）は、JSON テキストを再帰的に処理します。再帰的（recursive）とは、JSON テキストの値がオブジェクトや配列であれば、その中身に入ってさらに値を取りだす操作です。1.2 節で示した JSON テキストの階層構造（ツリー）の全要素（ノード）を順に操作します。

次の例では、filter01.json に .. を作用させ、全要素を逐次的に出力します。トップレベルが 1 要素、その配下に 3 要素（皿の種類）、それら要素にそれぞれ 2 要素（品目と価格）、そして品目（ネタ）は 4 要素なので合計 1 + 3 + 3*2 + 3*4 = 22 の要素が出力されます。これらの要素（ツリーのノード）は構造化されていません。例示では、読みやすいように cat -n から行番号を振ってあります。

```
$ cat filter01.json | jq -c '..' | cat -n          # catは行番号付与用
     1  {"赤皿":{"品目":["こはだ","とびっこ軍艦","とろたく軍艦","納豆巻"],"価格":130},"
青皿":{"品目":["びんちょう","〆さば","あじ","いわし"],"価格":210},"金皿":{"品目":["うな
ぎ","あわび","中トロ","いくら軍艦"],"価格":430}}
     2  {"品目":["こはだ","とびっこ軍艦","とろたく軍艦","納豆巻"],"価格":130}
     3  ["こはだ","とびっこ軍艦","とろたく軍艦","納豆巻"]
     4  "こはだ"
     5  "とびっこ軍艦"
     6  "とろたく軍艦"
     7  "納豆巻"
     8  130
     9  {"品目":["びんちょう","〆さば","あじ","いわし"],"価格":210}
    10  ["びんちょう","〆さば","あじ","いわし"]
    11  "びんちょう"
    12  "〆さば"
    13  "あじ"
    14  "いわし"
    15  210
    16  {"品目":["うなぎ","あわび","中トロ","いくら軍艦"],"価格":430}
    17  ["うなぎ","あわび","中トロ","いくら軍艦"]
    18  "うなぎ"
    19  "あわび"
    20  "中トロ"
    21  "いくら軍艦"
    22  430
```

この機能は構造が深く、そのレベルの位置がわからないときに特定の要素を抽出するときに便利です。たとえば、配列の配列の項では、4 層まで深くネストされた [1, 2, 3] の 1 番目の要素を取得するため、明示的にネストの 4 階層目まで配列要素指定の [] を繰り返しました。

```
$ echo [[[[1,2,3]]]] | jq '.[0][0][0][1]'              # 最終の配列の1番目の要素
2
```

.. を用いれば、再帰的に配列を分解してくれます。

```
$ echo [[[[1,2,3]]]] | jq -c '..'
[[[[1,2,3]]]]
[[[1,2,3]]]
[[1,2,3]]
[1,2,3]
1
2
3
```

数値だけ必要なら、数値だけ選択的に抽出する numbers 関数（4.2 節）に上記の出力をパイプから流し込みます。

```
$ echo [[[[1,2,3]]]] | jq '.. | numbers'
1
2
3
```

上記の出力は無構造なので、要素番号を介してのアクセスには [] による配列化が必要です。

```
$ echo [[[[1,2,3]]]] | jq '[.. | numbers][1]'
2
```

filter01.json からネタだけを抽出し、そこから 3 〜 7 番目の皿を取得するのもおなじ手が使えます。文字列だけを抽出するには strings 関数を使います（こちらも 4.2 節）。

```
$ cat filter01.json | jq '[.. | strings][3:8]'
[
```

```
    "納豆巻",
    "びんちょう",
    "〆さば",
    "あじ",
    "いわし"
]
```

3.7 まとめ

本章では、1.2 節で簡単に触れたフィルタについてより深く説明しました。重要な点は次のとおりです。

- 角カッコ（[]）は配列要素指定、イテレータ、そして配列生成に用いられます。位置やなかの値によって機能が変わるのに注意してください。
- カンマ（,）は複数フィルタの併記です。入力がそれぞれに引き渡されるため、複数の結果が構造化されずに出力されます。
- パイプ（|）は、あるフィルタの結果を別のフィルタに入力するパイプライン処理に用います。
- 疑問符（?）はオブジェクトでないのにプロパティ名を参照したり、ループできないのにイテレータを指定したときのエラーを無視するときに使います。
- 中カッコ（{}）でくくれば、オブジェクトを生成できます。
- ダブルドット（..）は JSON テキストを再帰的に探索し、すべての要素（ノード）を出力します。

第4章

基本演算とデータ型

　ここまで、JSONテキストの値を部分的ですがそのまま抽出してきました。ここからは、演算子や関数から値を操作していきます。

　本章ではまず、jqの演算子とビルトイン関数の記法に触れ（4.1節）、JSONで規定されている各種のデータ型と相互変換の方法を説明します（4.2節）。そのうえで、すべてのデータ型に共通であってもデータ型によってその処理内容が異なる演算子と関数を取り上げます（4.3節～4.4節）。データ型固有の演算はそれぞれの章で説明します（数値は第5章、文字列は第6章、配列は第7章、オブジェクトは第8章）。最後に、パスの指し示す値を代入により更新する方法を説明します（4.5節）。

　本章のテスト用JSONファイルはそれぞれのデータ型名をプロパティ名にもち、サンプルの値を配列に収容した次のtype01.jsonです。

```
$ cat type01.json
{
  "null": [null, null],                           # null型
  "boolean": [true, false],                       # 真偽値
  "number": [17, 3.14, 6.67E-11],                 # 数値
  "string": ["板そば", "麦切り", "板わさ"],         # 文字列
  "array": [                                       # 配列
    ["なめこそば", "そばがき", "山かけそば"],
    ["焼酎", "中瓶ビール", "冷酒"]
```

```
  ],
  "object": [                                    # オブジェクト
    {"sidedish": "かも焼き", "price": 990},
    {"drink": "桜花吟醸酒", "price": "1000"}
  ]
}
```

JSON のデータ型については付録 B.2 を参照してください。

4.1 演算子と関数

本節では、演算子（operator）とビルトイン関数（builtin function）の記述方法を説明します。例示する演算子と関数の機能はおいおい取り上げていくので、ここでは記法だけに着目してください。

■ 4.1.1 演算子の引数

加算（+）などふたつの被演算子を取る演算子（2 項演算子）は、明示的に演算子前後に値を指定します。値はパスから参照したものでも、即値でもかまいません。

たとえば、type01.json の number プロパティの 0 番目の要素（17）と 1 番目の要素（3.14）を + 演算子から加算した結果を得るには次のように実行します。

```
$ cat type01.json | jq '.number[0] + .number[1]'      # 17 + 3.14（算術加算）
20.14
```

おなじ計算を、パイプ経由で取得した number プロパティ（配列）を対象とするなら次のように書きます。

```
$ cat type01.json | jq '.number | .[0] + .[1]'        # 同上
20.14
```

即値を使って、string プロパティの 0 番目の要素 " 板そば " を 3 回繰り返すには次のように乗算演算子 * を用います。

```
$ cat type01.json | jq '.string[0] * 3'                # 文字列×数値
"板そば板そば板そば"
```

< などの比較演算子や and などの論理演算子（第 9 章）も 2 項演算子なのでおなじ形式です。これらは真偽値（true/false）を返します。

```
$ cat type01.json | jq '.number | .[0] > .[1]'         # 17 > 3.14 はtrue
true

$ cat type01.json | jq '.boolean | .[0] and .[1]'      # true and false はfalse
false
```

論理演算子の not（9.2 節）は本来的には単項演算子ですが、jq では後述の関数のようにパイプから値を引き渡す形式で用いられます。そのため、演算子の前あるいは後に値を直接記述するとエラーになります。

```
$ cat type01.json | jq '.boolean[0] | not'             # パイプから引き渡す
false

$ cat type01.json | jq '.boolean[0] | not .'           # エラー
jq: error: syntax error, unexpected $end,
  expecting FORMAT or QQSTRING_START (Unix shell quoting issues?)
  at <top-level>, line 1:
.boolean[0] | not .
jq: 1 compile error
```

■ 4.1.2　関数の引数

jq の関数の大半は、（ファイルやパイプから）引き渡される入力を暗黙的に引数として取ります。つまり、1 引数の関数 f(x) は、カッコから関数引数を取らず、x | f の形式で用いられます。たとえば、4.4 節で紹介する length 関数にパイプ経由で文字列をひとつ入力すれば、その文字列の文字数を出力します。

```
$ echo '"蕎麦屋"' | jq 'length'                        # 入力を直接lengthに渡す
3
```

```
$ echo '"蕎麦屋"' | jq '. | length'                    # パイプでlengthに渡す
3

$ echo '"蕎麦屋"' | jq 'length(.)'                      # 引数は取らない
jq: error: length/1 is not defined at <top-level>, line 1:
length(.)
jq: 1 compile error
```

イテレータ（[]）のように複数の値（独立した JSON テキスト）を生成するメカニズムがパイプの前にあれば、個々に関数を適用します。次の例では、イテレータから得られる 3 つの文字列からそれぞれ文字数を得ています。

```
$ echo '["やぶ", "さらしな", "すなば"]' | jq '.[] | length'
2
4
3
```

2 変数の関数 f(x, y) では、操作対象の入力値はパイプから受け、操作パラメータを関数のカッコで記述するのが一般的な形式です。つまり、x | f(y) の形式です。たとえば、文字列を所定のデリミタで分割する split 関数（6.1 節）は、入力文字列はパイプから、デリミタは引数から指定します。

```
$ echo '"もり そば"' | jq 'split(" ")'                  # スペース1文字から分解
[
  "もり",
  "そば"
]
```

おなじ 2 変数関数であっても、数学関数にはパイプ入力を暗黙的には受けないものもあります。たとえば、ふたつの数値の大きいほうを出力する fmax 関数（5.4 節）では、次のように値 11 と 17 を比較します。

```
$ jq -n 'fmax(11; 17)'                                 # 11と17のどちらか大きいほう
17
```

引数がふたつ以上あるときは、上記のようにセミコロン（;）で区切ります。つまり、一般的な関数 f(x, y) は f(x; y) の形式です。セミコロン前後のスペースはあってもなくてもかまいません。以下、関数のカッコの側に記述する引数を、本書では便宜的に関数引数と呼ぶことでパイプ経由の入力（操作対象の値）と区別します。

3変数の関数 f(x, y, z) では、操作対象値はパイプから受け、2変数は関数引数から指定します。つまり、x | f(y; z) です。次の例では、さきほどの split 関数で、デリミタ文字列の大文字小文字を区別しないよう指定するオプションのフラグを併記しています。

```
$ echo '"北海道a茨城A長野a山形"' | jq 'split("a";"i")'    # aまたはAで入力を分割
[
  "北海道",
  "茨城",
  "長野",
  "山形"
]
```

■ 4.1.3 処理順序

カンマやパイプを用いた処理では、演算の処理順序をカッコ（()）でくくることで明確にします。たとえば、["990", 680] から数字と数値を加算するとします。"990" は、加算の前に tonumber 関数（4.2節）で数値に変換しなければなりませんが、単純に併記するとエラーになります。

```
$ echo '["990", 680]' | jq '.[0] | tonumber + .[1]'       # "990"を990にしたつもり
jq: error (at <stdin>:1): Cannot index string with number
```

これだと、パイプの前の .[0] の出力（文字列 "990"）を tonumber と .[1] に並列して入力せよという意味になります。つまり、フィルタの後半では、"990" をトップレベルとしてその1番目の配列要素を取得しようとこころみます。しかし、"990" は文字列であって配列ではないので .[1] がエラーになります。| tonumber を .[0] だけに作用させ、.[1] をオリジナルのトップレベル（すなわち配列の1番目の要素である 680）として扱うには、最初の部分をカッコでくくります。

```
$ echo '["990", 680]' | jq '(.[0] | tonumber) + .[1]'
1670
```

4.2 データ型

本節では、JSON のデータ型の確認と変換の方法を説明します。

■ 4.2.1 データ型の確認

データ型は type 関数から確認できます。type は引数を取らない関数なので、操作対象の値はパイプ（|）から引き渡します。出力は文字列です。次の例では、type01.json のすべてのプロパティ値（配列）の 0 番目の要素のデータ型をチェックしています。

```
$ cat type01.json | jq '.[][0] | type'
"null"                                    # null
"boolean"                                 # true
"number"                                  # 17
"string"                                  # "板そば"
"array"                                   # ["なめこそば", ...]
"object"                                  # {"sidedish": ...}
```

実行例からわかるように、配列やオブジェクトは中身がなんであっても、単に "array" あるいは "object" としか判定されません。

■ 4.2.2 特定のデータ型だけ抽出

所定のデータ型だけを抽出するなら、次の表の関数を用います。

表 4.1 ●データ型抽出関数

関数	抽出されるデータ型
nulls	null
values	null 以外の値ならなんでも
booleans	真偽値（true と false）
numbers	数値
strings	文字列
arrays	配列
objects	オブジェクト
iterables	イテラブル（配列とオブジェクト）
scalars	イテラブルではない値

　どの関数も、データ型の名称末尾に s を加えた名前になっています。たとえば、数値（number）だけを抽出する関数は numbers です。いずれも関数引数は取らないので、type 同様、| から値を入力します。次の例では、type01.json のすべてのプロパティ値の 1 番目の要素を対象に arrays 関数を適用します。プロパティのなかで要素が配列なのは array プロパティだけなので、その 1 番目の要素だけが抽出されます。

```
$ cat type01.json | jq -c '.[][1] | arrays'
["焼酎","中瓶ビール","冷酒"]                              # 配列だけ
```

　iterables、scalars、values というデータ型名ではない関数もあります。iterables はイテレータの [] でループできる値、つまりオブジェクトと配列だけを抽出します（これをイテラブルあるいは反復可能といいます）。反対に、scalars はループできない値、つまり基本型である null、真偽値、数値、文字列だけを返します。values は null 以外のデータ型ならなんでもです。scalars をためしてみましょう。

```
$ cat type01.json | jq '.[][1] | scalars'
null                                      # null
false                                     # 真偽値
3.14                                      # 数値
"麦切り"                                    # 文字列
```

　iterables はイテレータを無作為に適用するときに便利です。というのも、イテラブルではない値に [] を適用するとエラーになるからです。たとえば、上記の .[][1] にそのまま [] を加えると、最初の null プロパティでエラーが発生します。

```
$ cat type01.json | jq '.[][1] | .[]'                  # .[][1][]でもよい
jq: error (at <stdin>:14): Cannot iterate over null (null)
```

　しかし、iterables 関数を介せば、エラーなしで array プロパティと object プロパティの 1 番目の要素だけをループします。

```
$ cat type01.json | jq '.[][1] | iterables | .[]'
"焼酎"                                      # arrayの1番目の要素
"中瓶ビール"
"冷酒"
```

```
"桜花吟醸酒"                                        # objectの1番目の要素
"1000"
```

この場合、3.4 節で説明した疑問符（?）でもおなじ効果が得られます。

```
$ cat type01.json | jq '.[][1][]?'
"焼酎"
"中瓶ビール"
"冷酒"
"桜花吟醸酒"
"1000"
```

■ 4.2.3 文字列から数値への変換

tonumber 関数は文字列表記の数字を数値に変換します。object プロパティの 1 番目の要素の price プロパティは "1000" と文字列形式なので、これを数値に変換します。

```
$ cat type01.json | jq '.object[1].price | tonumber'
1000
```

tonumber の結果が数値であるか type 関数から確認してみましょう。コマンドが長くなったので最後のパイプで改行していますが、コメントも含めてこれら 2 行をコピー＆ペーストしても動作します（jq は改行と行末コメントを無視してくれる）。

```
$ cat type01.json | jq '.object[1].price |          # もともとは文字列
  type'
"string"

$ cat type01.json | jq '.object[1].price | tonumber |   # tonumber後は数値
  type'
"number"
```

真偽値を数値（たとえば true が 1 など）、あるいは null を 0 と解釈できるプログラミング言語もありますが、jq はこれらを数値に変換はせず、エラーとします。

```
$ cat type01.json | jq '.null[0] | tonumber'          # nullは数値にはできない
jq: error (at <stdin>:14): null (null) cannot be parsed as a number

$ cat type01.json | jq '.boolean[0] | tonumber'       # trueも数値にはできない
jq: error (at <stdin>:14): boolean (true) cannot be parsed as a number
```

数値に tonumber を適用しても、もとの数値がでてくるだけです。エラーにはなりません。

```
$ cat type01.json | jq '.number[0] | tonumber'        # 数値は数値のまま
17
```

文字列から数値への変換における精度の問題は、5.8 節で取り上げます。

■ 4.2.4　文字列への変換

tostring 関数は、逆に値を文字列に変換します。tonumber と異なり、tostring はなんでも文字列に変換できます。null は "null" に、true は "true" に、配列もオブジェクトも前後をダブルクォート（"）でくくった文字列になります。各プロパティの 0 番目の要素からためしてみましょう。

```
$ cat type01.json | jq '.[][0] | tostring'
"null"
"true"
"17"
"板そば"
"[\"なめこそば\",\"そばがき\",\"山かけそば\"]"
"{\"sidedish\":\"かも焼き\",\"price\":990}"
```

入力を単純にダブルクォートでくくっているだけですが、オブジェクトや配列では、中身の文字列のダブルクォートが \" とエスケープされるところに注意してください。

■ 4.2.5　文字列表記のオブジェクトと配列

上記のようにエスケープされた文字列を含むオブジェクトあるいは配列をもとの JSON テキストに戻すには、fromjson 関数を用います。tostring でいったん文字列化した array および object プロパティを fromjson で戻す例を次に示します。

```
$ cat type01.json | \
  jq -c '.array, .object | .[0] | tostring | fromjson'
["なめこそば","そばがき","山かけそば"]
{"sidedish":"かも焼き","price":990}
```

配列とオブジェクトに戻ったことは、type 関数からチェックできます。

```
$ cat type01.json | \
  jq -c '.array, .object | .[0] | tostring | fromjson | type'
"array"
"object"
```

fromjson 関数は tostring で文字列化された "null"、"true" および "false"、"17" をもとの JSON テキストに戻せますが、文字列だけはできません。tostring は文字列が入力されると文字列をそのまま出力しますが、fromjson は文字列のダブルクォートがエスケープされていることを前提としているからです。

```
$ cat type01.json | jq '.string[1]'            # stringの1番目そのまま
"麦切り"

$ cat type01.json | jq '.string[1] | tostring'   # tostringでは変化しない
"麦切り"

$ cat type01.json | jq '.string[1] |            # fromjsonがエラー
  tostring | fromjson'
jq: error (at <stdin>:14): Invalid numeric literal at EOF at line 1, column 9
  (while parsing '麦切り')

$ echo '"\"麦切り\""'                            # "麦切り"をエスケープ
"\"麦切り\""

$ echo '"\"麦切り\""' | jq 'fromjson'            # fromjsonはこれを受けつける
"麦切り"
```

" 麦切り " が fromjson でエラーになるのは、メッセージに Invalid numeric literal とあるように、ダブルクォートをはずした「麦切り」が数値とみなされたからです。

文字列そのものの値も含めて文字列のダブルクォートをエスケープするには、tostring よりも

tojson 関数のほうが向いています。

```
$ cat type01.json | jq -c '.[][1] | tojson'          # tojsonで文字列化
"null"
"false"
"3.14"
"\"麦切り\""                                          # ダブルクォートもエスケープ
"[\"焼酎\",\"中瓶ビール\",\"冷酒\"]"
"{\"drink\":\"桜花吟醸酒\",\"price\":\"1000\"}"

$ cat type01.json | jq -c '.[][1] | tojson | fromjson'   # fromjsonでもとに戻る
null
false
3.14
"麦切り"
["焼酎","中瓶ビール","冷酒"]
{"drink":"桜花吟醸酒","price":"1000"}
```

4.3 加算と減算

　本節では、値の加算と減算を取り上げます。加減算は一般には数値が対象ですが、演算子としての + および - には、データ型に応じて数値演算とは異なる動作が規定されています。

　乗算（*）および除算（/）は利用できる型がかぎられているので、操作が定義されているデータ型の章で個別に取り上げます。

4.3.1 加算

　加算 + はふたつのおなじ型同士の値に適用できます。真偽値以外のどんな型にも利用できますが、動作は次の表に示すように型によって異なります。

表 4.2 ●加算の動作

データ型	動作
null	null+null は null
真偽値	加算できない（エラー）

データ型	動作
数値	算術的な加算
文字列	文字列を連結
配列	ふたつの配列の要素を収容したより大きな配列を生成
オブジェクト	ふたつのオブジェクトのプロパティを収容したより大きなオブジェクトを生成

それぞれのデータ型の 0 番目と 1 番目の要素を加算してみます。

```
$ cat type01.json | jq -c '.null | .[0] + .[1]'          # null + null
null

$ cat type01.json | jq -c '.boolean | .[0] + .[1]'       # true + falseはエラー
jq: error (at <stdin>:14): boolean (true) and boolean (false) cannot be added

$ cat type01.json | jq -c '.number | .[0] + .[1]'        # 17 + 3.14
20.14

$ cat type01.json | jq -c '.array | .[0] + .[1]'          # 配列の組みあわせ
["なめこそば","そばがき","山かけそば","焼酎","中瓶ビール","冷酒"]

$ cat type01.json | jq -c '.object | .[0] + .[1]'          # オブジェクトの組みあわせ
{"sidedish":"かも焼き","price":"1000","drink":"桜花吟醸酒"}
```

　オブジェクトでは、重複するプロパティ名はあとから登場するもので上書きされます。object プロパティに含まれるふたつのオブジェクトでは price プロパティが重複しているので、最後の "1000" が値となります。

　参考までですが、7.2 節で取り上げる del 関数を使って加算できない boolean プロパティだけを取り除けば、boolean プロパティの個所でエラー終了せず、ループできます。

```
$ cat type01.json | jq -c 'del(.boolean) | .[] | .[0] + .[1]'
null
20.14
"板そば麦切り"
["なめこそば","そばがき","山かけそば","焼酎","中瓶ビール","冷酒"]
{"sidedish":"かも焼き","price":"1000","drink":"桜花吟醸酒"}
```

■ 4.3.2 加算の制約

異なる型同士で加算はできません。object プロパティのふたつのオブジェクトに数値と文字列の値をそれぞれもつ price プロパティがあるので、加算してみます。

```
$ cat type01.json | jq -c '.object[0].price + .object[1].price'
jq: error (at <stdin>:14): number (990) and string ("1000") cannot be added
```

エラーメッセージは、数値（990）と文字列（"1000"）は加算できないと述べています。この問題は tonumber 関数で対処できます。

```
$ cat type01.json | jq -c '.object[0].price + (.object[1].price | tonumber)'
1990
```

object プロパティの値（配列）の 1 番目の price プロパティ値を加算に優先して tonumber を作用させるため、演算の優先順位を示すカッコ（4.1 節）でくくっています。

次は、tostring 関数から数値の側を文字列にしてから連結します。ちょっと違った書きかたです。

```
$ cat type01.json | jq -c '[.object[].price | tostring] | .[0] + .[1]'
"9901000"
```

.object にイテレータを作用させ、その .price プロパティを得るところは簡単でしょう。また、文字列に tostring を作用させてももとの文字列が返ってくるだけなので、入力値の型は気にせず一気に文字列化してもかまわないことは説明したとおりです。トリックはこれらを配列化の []（3.1 節）でくくることにより、パイプの右側でそれぞれの要素を被演算子とするところにあります。加算部分は後述（4.4 節）の add 関数を使えば、もっときれいに書けます。

■ 4.3.3 null の加算

加算はおなじ要素間だけが基本ですが、null だけはどの型にでも加えられます。もっとも、もとの値がそのまま出力されるだけです。真偽値でも加算できます。

```
$ cat type01.json | jq -c '.null[0] + .boolean[1]'          # null + false（真偽値）
```

```
false

$ cat type01.json | jq '.null[0] + .number[1]'          # null + 3.14（数値）
3.14

$ cat type01.json | jq -c '.null[0] + .string[1]'       # null + "麦切り"（文字列）
"麦切り"

$ cat type01.json | jq -c '.null[0] + .array[0]'        # null + 配列
["なめこそば","そばがき","山かけそば"]

$ cat type01.json | jq -c '.null[0] + .object[0]'       # null + オブジェクト
{"sidedish":"かも焼き","price":990}
```

■ 4.3.4　減算

　減算 – は数値と配列にしか利用できません。数値では単純に算術減算です。配列では、左項の配列から右項の要素を取り除いた結果を出力します。ただし、どちらも配列でなければならないので、ひとつしか要素がなくても [] でくくることで配列であることを明記しなければなりません。

```
$ cat type01.json | jq '.number[0] - .number[1]'        # 17 – 3.14
13.86

$ cat type01.json | jq -c '.array[0] - ["なめこそば"]'   # 要素"なめこそば"を除く
["そばがき","山かけそば"]

$ cat type01.json | jq '.array[0] - "なめこそば"'         # 文字列ではエラーになる
jq: error (at <stdin>:14):
 array (["なめこ...) and string ("なめこ??...) cannot be subtracted
```

　引かれる側の配列に引く側の要素が複数あるときは、すべて削除されます。次の例では、さきに" なめこそば " を加えることで 4 要素の配列を生成し、そこから " なめこそば " を引いています。

```
$ cat type01.json | jq -c '.array[0] + ["なめこそば"]'    # "なめこそば"がふたつ
["なめこそば","そばがき","山かけそば","なめこそば"]

$ cat type01.json | \
```

```
  jq -c '.array[0] + ["なめこそば"] - ["なめこそば"]'    # "なめこそば"を1回だけ引くと
["そばがき","山かけそば"]                                    # ふたつともなくなる
```

加算と異なり、null を作用させるとエラーになります。

```
$ cat type01.json | jq '.number[0] - null'          # 17 - null
jq: error (at <stdin>:14): number (17) and null (null) cannot be subtracted
```

4.4　型依存の関数

　関数の多くは、特定の型での利用を念頭に設計されています。たとえば、入力が指定の文字列で始まるかどうかをチェックする startswith 関数（9.3 節）は文字列しか受けつけません。これに対し、上記の加減算のように複数の型に対応し、それぞれに応じて挙動を変える関数もあります。

■ 4.4.1　length

　ほとんどどんな型にも適用できる代表格が length 関数です。関数名からわかるように入力の長さを返す関数ですが、型によって次表に示すように出力結果が異なります。引数は取らないので、パイプ経由でデータを入力します。

表 4.3 ● length の動作

データ型	length の返す値
null	つねに 0
真偽型	エラー（長さの定義がない）
数値	数値の示す値
文字列	文字数（バイト数には 6.1 節の utf8bytelength 関数）
配列	配列要素数
オブジェクト	プロパティの数

　真偽値には長さの定義がないので、エラーになります。数値では、入力数値がそのまま返されます。たとえば、3.14 を入力しても返ってくるのは 3.14 です。すべての型について次で確認します。

```
$ cat type01.json | jq '.null[] | length'            # nullは0
0
0

$ cat type01.json | jq '.boolean[] | length'         # 真偽値はエラー
jq: error (at <stdin>:14): boolean (true) has no length

$ cat type01.json | jq '.number[] | length'          # 数値はそのまま
17
3.14
6.67e-11

$ cat type01.json | jq '.string[] | length'          # 文字列は文字数
3
3
3

$ cat type01.json | jq '.array[] | length'           # 配列は要素数
3
3

$ cat type01.json | jq '.object[] | length'          # オブジェクトはプロパティ数
2
2
```

　イテレータから一気に処理するのなら、エラーとなる真偽値を除外します。これにはエラー無視の ?（3.4 節）、さきほどの del 関数、あるいは try-catch（10.2 節）を用います。次の例では、? を用います。加えて、併記の , からもとの値（.）も出力させます。また、これら値を併記するよう、配列化の [] でくくります。これで、値と長さの対応が読みやすくなります。

```
$ cat type01.json | jq -c '.[][] | [., length?]'
[null,0]
[null,0]
[true]                                              # 真偽値
[false]                                             # 真偽値
[17,17]
[3.14,3.14]
[6.67e-11,6.67e-11]
["板そば",3]
```

```
["麦切り",3]
["板わさ",3]
[["なめこそば","そばがき","山かけそば"],3]
[["焼酎","中瓶ビール","冷酒"],3]
[{"sidedish":"かも焼き","price":990},2]
[{"drink":"桜花吟醸酒","price":"1000"},2]
```

入力が真偽値のときは length が失敗するので数値は示されません。

■ 4.4.2 add

add 関数は配列内の要素の和を取ります。配列しか受けつけないという点では配列専用ですが、加算のルールは加減算とおなじであるという点では型依存の挙動を示す関数です。

```
$ cat type01.json | jq '.null | add'           # nullはいくら足してもnull
null

$ cat type01.json | jq '.number | add'         # 数値の和(算術加算)
20.1400000000667

$ cat type01.json | jq '.string | add'         # 文字列の和（連結）
"板そば麦切り板わさ"

$ cat type01.json | jq -c '.array | add'        # 配列の和
["なめこそば","そばがき","山かけそば","焼酎","中瓶ビール","冷酒"]

$ cat type01.json | jq -c '.object | add'       # オブジェクトの和
{"sidedish":"かも焼き","price":"1000","drink":"桜花吟醸酒"}
```

配列以外の入力はエラーになります。次の例では、誤って .number[] のようにイテレータを指定したために関数への入力が数値の羅列となり、エラーとなる様子を示しています。

```
$ cat type01.json | jq '.number[]'             # 出力が数値の羅列で配列でない
17
3.14
6.67e-11

$ cat type01.json | jq '.number[] | add'       # 入力が配列でないのでエラー
```

```
jq: error (at <stdin>:14): Cannot iterate over number (17)
```

配列ではない出力の和を取るには、配列化の [] でくくります。例として、4.2 節でもためした object プロパティの price プロパティ（数値 990 と文字列 "1000"）の和を求めます。

```
$ cat type01.json | jq '[.object[].price | tonumber] | add'
1990
```

■ 4.4.3 sort

sort は配列要素をソートする関数です。入力は配列しか受けつけませんが、データ型に応じてソート方法が異なります。出力はソートされた配列です。

真偽値間では、false が true よりさき、つまり false<true です。次の例では入力は true、false の順ですが、出力ではそれが反転しています。

```
$ cat type01.json | jq -c '.boolean | ., sort'
[true,false]                                    # 入力
[false,true]                                    # ソート後
```

数値はいうまでもなく小さい順です。

```
$ cat type01.json | jq -c '.number | ., sort'
[17,3.14,6.67e-11]                              # 入力
[6.67e-11,3.14,17]                              # ソート後
```

文字列は Unicode 文字コード順です。漢字のコード上の並び順は読みかた順とはかぎらないので、並び替えにはあまり意味がありませんし、ソートされているかも判断できません。どうしても確認したいなら、--ascii-output コマンドオプション（1.3 節）を加えてためすとよいでしょう。

```
$ cat type01.json | jq -a '.string| ., sort'
[                                               # 入力
  "\u677f\u305d\u3070",                         # "板そば"
  "\u9ea6\u5207\u308a",                         # "麦切り"
  "\u677f\u308f\u3055"                          # "板わさ"
```

```
]
[                                                  # ソート後
  "\u677f\u305d\u3070",                            # "板そば"
  "\u677f\u308f\u3055",                            # "板わさ"
  "\u9ea6\u5207\u308a"                             # "麦切り"
]
```

　配列の配列のときは、要素である配列（内側の配列）の順にソートされます。内側の配列の最初の要素が等しければ、次の要素をベースにソートされます。ただし、内側の配列の中身はソートされません。

```
$ echo '[[1, 1], [1, -1], [-1, 1], [-1, -1]]' | \   # 数値要素の配列の配列
  jq -c 'sort'
[[-1,-1],[-1,1],[1,-1],[1,1]]

$ echo '[["a","b"],["b","a"],["a","a"],["b","b"]]' | \   # 文字列要素の配列の配列
  jq -c 'sort'
[["a","a"],["a","b"],["b","a"],["b","b"]]
```

　オブジェクトはプロパティ名順にソートされます。先頭のプロパティが等しければ、次のプロパティからソートされます。配列同様、オブジェクトの中身はソートされません（コメントを見やすく加える都合上、手で改行しています）。

```
$ cat type01.json | jq -c '.object | ., sort'
[                                                  # 入力
  {"sidedish":"かも焼き","price":990},              # sidedish、drinkの順
  {"drink":"桜花吟醸酒","price":"1000"}
]
[                                                  # ソート後
  {"drink":"桜花吟醸酒","price":"1000"},            # drink < sidedish
  {"sidedish":"かも焼き","price":990}
]
```

　データ型が混在した配列では、次のデータ型の大小関係から順序が決定されます。

```
null > 真偽値 > 数値 > 文字列 > 配列 > オブジェクト
```

　次の例では、オブジェクト、文字列、数値、真偽値（true）、配列、真偽値（false）、null の順に収容した配列をソートしています。出力がわかりやすくなるよう、ソート後の配列はイテレータ [] から展開しています（展開しないで -c を使うと、ぜんぶ 1 行になってしまうから）。

```
$ echo '[
    {"おつまみ":"納豆"},
    "そば",
    3.1415,
    true,
    ["そば", "麦", "芋"],
    false,
    null
  ]' | jq -c 'sort[]'
null                                        # null
false                                       # 真偽値
true                                        # 真偽値
3.1415                                      # 数値
"そば"                                       # 文字列
["そば","麦","芋"]                            # 配列
{"おつまみ":"納豆"}                            # オブジェクト
```

　sort 関数と --sort-keys コマンドオプションではソートの対象が異なるので注意が必要です。関数では配列の要素、コマンドオプションではプロパティ名です。

```
$ cat type01.json | jq -Sc '.object'                # --sort-keys
[{"price":990,"sidedish":"かも焼き"},{"drink":"桜花吟醸酒","price":"1000"}]

$ cat type01.json | jq -c '.object | sort'          # sort関数
[{"drink":"桜花吟醸酒","price":"1000"},{"sidedish":"かも焼き","price":990}]
```

　どちらの実行例でもオブジェクトふたつを要素とした配列値をもつ object プロパティをソートしていますが、前者の --sort-keys ではそれぞれの要素の中身のプロパティ名にしたがってソートしています。要素の順序は変わっていません。反対に後者の sort 関数では要素の中身の順序は変わっていませんが、要素の登場順がソートされています。

■4.4.4　sort_by

プロパティを名前ではなく値からソートするには、sort_by 関数を用います。引数にはソート対象のプロパティ名をドットを介して指定します。次の例では、name と price のプロパティをもつオブジェクトふたつを、それぞれ price と name の値でソートしています。

```
$ input='[{"name":"sake", "price":980}, {"name":"beer", "price":600}]'

$ echo $input | jq -c '.'                          # オリジナルの順
[{"name":"sake","price":980},{"name":"beer","price":600}]

$ echo $input | jq -c 'sort_by(.price)'            # price値の順
[{"name":"beer","price":600},{"name":"sake","price":980}]

$ echo $input | jq -c 'sort_by(.name)'             # name値の順
[{"name":"beer","price":600},{"name":"sake","price":980}]
```

ソートのルールは sort とおなじなので、文字列を混ぜればそちらが数値のあとになります。次の例では、beer の 600 を "600" に変えて .price からソートしています。これにより、980 円の sake のほうがさきにきます。

```
$ input='[{"name":"sake", "price":980}, {"name":"beer", "price":"600"}]'

$ echo $input | jq -c 'sort_by(.price)'            # 数値 < 文字列
[{"name":"sake","price":980},{"name":"beer","price":"600"}]
```

sort_by の引数にはプロパティ名だけでなく、関数も指定できます。というのも、sort_by は配列を受け取るとその配列まわりのループを形成し、i 番目と j 番目の要素から得られる値をなんらかの方法で比較して順番を入れ替えているからです。引数に .price を指定しているということは、各要素（. で参照されるオブジェクト）の price プロパティの値をベースにソートする意味になります。したがって、次の例のように引数に length 関数を指定すれば、その要素の長さをベースにソートされます。

```
$ echo '["abcd", "ac", "asd"]' | jq -c 'sort_by(length)'
["ac","asd","abcd"]
```

関数引数内部でパイプも使えます。たとえば、type01.json の object オブジェクトを price から
ソートするとき、比較する値の一方は文字列（"1000"）、他方は数値（980）なので、値がなんで
あれ数値がさきにきます。これを数値ベースでソートするには、price の値を tonumber で変換し
ます。"1000" を "960" におまけしてためしてみます。

```
$ cat type01.json | jq -c '.object'                    # オリジナルの順
[{"sidedish":"かも焼き","price":990},{"drink":"桜花吟醸酒","price":"960"}]

$ cat type01.json | jq -c '.object | sort_by(.price)'     # 値だけだと数値が先行
[{"sidedish":"かも焼き","price":990},{"drink":"桜花吟醸酒","price":"960"}]

$ cat type01.json | jq -c '.object |                       # tonumberを介す
  sort_by(.price | tonumber)'
[{"drink":"桜花吟醸酒","price":"960"},{"sidedish":"かも焼き","price":990}]
```

引数内のパイプの用法は sort でもおなじです。

■ 4.4.5　max と min

max と min は、配列からそれぞれ最大あるいは最小の要素を取得する関数です。大小比較のルー
ルは sort とおなじなので、配列要素のデータ型が統一されていなくてもエラーにはなりません。
しかし、特別な意図がないかぎり、データ型が混在した配列から最大最小を選択するのには意味は
ないでしょう。

```
$ echo '[-2, -1, null, "string", "2"]' | jq 'max'       # 最大は文字列
"string"

$ echo '[-2, -1, null, "string", "2"]' | jq 'min'       # 最小はnull
null
```

プロパティ値を対象に比較をする max_by と min_by もあります。機能的には max、min と、用法
は sort_by とおなじなので説明は割愛します。

4.5 代入

　代入（assignment）により、値を置換できます。演算子は等号の = で、左辺に代入したいパスを、右辺にその値を指定します。代入演算は一部の値を変更するだけで、入力 JSON テキストのその他の部分はそのまま出力されます。次の例では、string プロパティの 0 番目の要素 " 板そば " を " ざるそば " に置き換えています。

```
$ cat type01.json | jq '.string[0] = "ざるそば"'
{
  "null": [                              # type01.jsonをぜんぶ出力
    null,
    null
  ],
  ...
  "string": [
    "ざるそば",                          # "板そば"を"ざるそば"に置換
    "麦切り",
    "板わさ"
  ],
  ...
}
```

　もとと異なるデータ型にも代入できます。次の例では、null プロパティの 0 番目の要素を文字列 " もりそば " に、1 番目の要素を数値 1000 にそれぞれ置き換えます。

```
$ cat type01.json | jq '.null[0] = "もりそば" | .null'    # nullを"もりそば"に
[
  "もりそば",
  null
]

$ cat type01.json | jq '.null | .[1] = 1000'              # nullを1000に
[
  null,
  1000
]
```

　最初の実行例では、まず JSON テキスト全体をみて、そのなかの .null[0] を変更してから、.null を出力しています。2 番目では、まず .null を取得し、その（相対的なトップレベルの）.[1] を変更しています。このように、パスさえ適切ならば代入とフィルタリングの順序は問われません。

■ 4.5.1　演算結果の代入

　代入の右辺には、加減算などの演算や関数も指定できます。次の例では、number の 0 番目の要素の値（17）を 0 番目と 2 番目の要素の和で上書きしています。もとは 17 であった数値が 17+3.14=20.14 になります。

```
$ cat type01.json | jq '.number | .[0] = .[0] + .[1]'
[
  20.14,                                        # 17 + 3.14
  3.14,
  6.67e-11
]
```

　パイプ経由で入力値を受ける関数を利用するときは、カッコから演算順序を指示します。次の例では、number の全要素の和を add 関数から算出し、それを 2 番目の要素に代入しています。

```
$ cat type01.json | jq '.number[2] = (.number | add) | .number'
[
  17,
  3.14,
  20.1400000000667                              # 17 + 3.14 + 6.67e-11
]
```

■ 4.5.2　存在しない要素への代入

　配列に存在しない要素に代入をすれば、その要素が生成されます。たとえば、number プロパティには要素が 3 つしかありませんが、3 番目の要素に代入すれば、その要素が加わります。

```
$ cat type01.json | jq '.number[3] = (.number | add) | .number'
[
```

```
  17,
  3.14,
  6.67e-11,
  20.1400000000667                              # 新規の要素（そこまでの和）
]
```

配列番号を飛ばして代入すると、隙間は null で埋められます。次の例では3番目と4番目を飛ばして5番目に要素を代入しています。

```
$ cat type01.json | jq '.number[5] = (.number | add) | .number'
[
  17,
  3.14,
  6.67e-11,
  null,                                         # 隙間はnull
  null,                                         # 隙間はnull
  20.1400000000667                              # 5番目
]
```

同様に、存在しないプロパティに代入すれば、生成されます。次の例では、object プロパティの0番目の要素（かも焼きのオブジェクト）に存在しない review プロパティを加えています。

```
$ cat type01.json | jq '.object[0] | .review = "おいしい"'
{
  "sidedish": "かも焼き",
  "price": 990,
  "review": "おいしい"                          # 代入による新規追加
}
```

■ 4.5.3 更新代入

代入には、パイプと等号を組み合わせた |= を演算子に用いる更新代入（update assignment）もあります。単純な = とは細かいところで挙動が異なりますが、シンプルな直値の代入ではどちらもおなじです。

```
$ cat type01.json | jq '.number | .[0] = 10'            # 代入
[
  10,
  3.14,
  6.67e-11
]

$ cat type01.json | jq '.number | .[0] |= 10'           # 更新代入
[
  10,
  3.14,
  6.67e-11
]
```

大きな違いは、右辺でのパスの指定方法です。単純代入の = では、入力のトップレベルからパスを指定します。次の例では、number プロパティの 0 番目の要素（17）を右辺で参照するのに .number[0] そのものを用いています。

```
$ cat type01.json | jq '.number[0] = .number[0] + 10 | .number'
[
  27,                                              # 17 + 10
  3.14,
  6.67e-11
]
```

これに対し、更新代入の |= は要素値を左辺に指定したパスの位置から参照します。次の例では、おなじ要素を参照するのに . を用いています。

```
$ cat type01.json | jq '.number[0] |= . + 10 | .number'
[
  27,                                              # 17 + 10
  3.14,
  6.67e-11
]
```

逆に、更新代入で .number[0] を参照すると、.number[0] のなかに number プロパティを探すので、エラーとなります。

```
$ cat type01.json | jq '.number[0] |= .number[0] + 10 | .number'
jq: error (at <stdin>:14): Cannot index number with string "number"
```

更新代入の . は左辺の値を意味するので、左辺に複数の要素があると、右辺の演算はそれぞれの要素に作用します。次の例では、number プロパティの 0 番目と 1 番目の要素をどちらも 10 倍します。

```
$ cat type01.json | jq '.number | (.[0], .[1]) |= . * 10'
[
  170,                                      # 17の10倍
  31.400000000000002,                       # 3.14の10倍
  6.67e-11
]
```

イテレータを用いれば、すべての要素に作用します。number プロパティの値をすべて 10 倍します。

```
$ cat type01.json | jq '.number | .[] |= . * 10'      # すべて10倍
[
  170,
  31.400000000000002,
  6.67e-10
]
```

これに対し、単純代入では右辺の演算結果が左辺の要素どちらにも代入されます。次の例では、0 番目と 1 番目の要素がどちらも 17 の 10 倍になります。

```
$ cat type01.json | jq '.number | (.[0], .[1]) = .[0] * 10'
[
  170,                                      # 17の10倍
  170,                                      # こちらもおなじ値
  6.67e-11
]
```

左辺にも右辺にも複数の要素があるときは、ややこしいことになります。（よほど必要に迫られないかぎり）あまりお勧めはできないので本書では割愛します。詳細は jq マニュアルの

Assignment 章を参照してください。

■ 4.5.4 算術更新代入

　左辺値を直接演算するときに使う x += 1 などのショートカット記法もサポートされています。jq では算術更新代入（arithmetic update assignment）と呼んでいます。次の表に利用できる演算子を示します。

表 4.4 ●算術更新代入演算子

演算子	演算	等価な |= 式
+=	加算	x |= . + a
-=	減算	x |= . - a
*=	乗算	x |= . * a
/=	除算	x |= . / a
%=	モジュロ演算	x |= . % a

　次の例では、ふたつの方法で number プロパティの 0 番目の要素（17）に 10 を加えています。

```
$ cat type01.json | jq -c '.number[0] | . |= . + 10'     # 更新代入
27

$ cat type01.json | jq -c '.number[0] | . += 10'         # 算術更新代入
27
```

4.6 まとめ

　本章では、演算子や関数の記法を示したうえで、データ型に依存した操作方法を説明しました。重要な点は次のとおりです。

- JSON のデータ型には null、真偽値、数値、文字列、配列、オブジェクトがあります（付録 B.2）。
- データ型は type 関数から確認できます。また、特定の型だけを抽出するデータ型名に s のついた関数（たとえば、string 型なら strings 関数）もあります。

● 文字列から数値への変換には tonumber 関数、任意のデータ型から文字列への変換には tostring を用います。型変換のできない型もあるので注意してください。

● おなじ型同士でなら加算と減算ができます。ただし、型によって挙動が異なります（加算では数値は算術加算、文字列は連結など）。

● 関数は基本的に特定のデータ型にしか適用できませんが、複数のデータ型に使える関数もあります。ただし、その動作は型依存なので注意が必要です。

● 代入には単純な代入（=）と更新代入（|=）があり、どちらも左辺のパスの値を右辺で書き換えます。ただし、パスの指定方法や要素の数によって挙動が異なります。

4

第5章

数値演算

数値演算の演算子および関数は、一部、ここまでで次表に示すものを説明しました（登場順）。

表 5.1 ●ここまでの数値演算演算子と関数

操作	演算子・関数	章節
数値型だけ抽出	numbers	4.2 節
数字文字列と数値の間の変換	tostring、tonumber	4.2 節
加算と減算	+、-	4.3 節
配列要素の和	add	4.4 節
配列要素のソート	sort	4.4 節
プロパティ値によるオブジェクトのソート	sort_by	4.4 節

本章では、上記以外の数値演算を取り上げます。具体的には次のトピックです。

● 乗除算（5.1 節）
● 丸め処理（5.2 節）
● 浮動小数点数を整数部分と小数部分に分けるなどの数値の分解（5.3 節）
● 三角関数などの数学関数（5.4 節）
● 数列の生成（5.5 節）
● Unix エポック時間と文字列表記の日時の相互変換（5.6 節）

● 数値定数（5.7 節）

● 桁の大きい、あるいは精度の高い数値の問題（5.8 節）

　jq の数学関数は C 言語の標準数学ライブラリをそのまま利用しているので、関数名も仕様も共通です。C 言語で整数用や小数点数用に分かれている関数では、jq は倍精度版を採用しています。たとえば、絶対値を求める C の関数は abs（整数）、fabsf（単精度 float）、fabs（倍精度 double）、fabsl（拡張精度 long double）に分かれますが、jq にあるのは fabs だけです。

　本章では最小限の情報は示しましたが、細かい仕様は C のリファレンスマニュアルを参照してください。オンラインマニュアルはいろいろありますが、以下のものがよいと思います。

```
https://www.cplusplus.com/          # 英語でよいならこちらがお勧め
https://cpprefjp.github.io          # C++日本語リファレンス
```

　本章では、サンプルの数値は --null-input コマンドオプション（2.1 節）から提供します。ただ、末尾の定数と精度問題の節では、次に示す number01.json を用います。

```
$ cat number01.json
{
  "planck": 6.6260689633e-34,
  "pie": 3.1415926535897932384626433,
  "mersenne": 170141183460469231731687303715884105727,
  "pow53minus1": 9007199254740991,
  "pow53plus1":  9007199254740993,
  "binary64": 1.7976931348623157e+309
}
```

5.1 乗除算

　数値には乗算（演算子は *）、除算（/）、モジュロ演算（除算の余り。%）ができます。加減算同様、他のデータ型が混入するとエラーになります。整数同士であっても、除算では割り切れなければ小数点数が出力されます。

```
$ jq -n '2 * 3 * 5'                          # 2 × 3 × 5
30

$ jq -n '128 / 64'                           # 128 ÷ 64（割り切れる）
2

$ jq -n '19 / 13'                            # 19 ÷ 13（割り切れない）
1.4615384615384615

$ jq -n '97 % 13'                            # 97 ÷ 13の余り
6
```

当然ながら、0 除算はエラーです。

```
$ jq -n '1 / 0'                              # 1 ÷ 0
jq: error: Division by zero? at <top-level>, line 1:
1 / 0
jq: 1 compile error
```

■ 5.1.1 浮動小数点版モジュロ

%は、小数点数の被演算子（割る数と割られる数）を切り捨てて整数とみなしてモジュロ演算をします。

```
$ jq -n '2.718 % 3'                          # 2 % 3 とみなされる
2

$ jq -n '3.718 % 2.141'                      # 3 % 2 とみなされる
1
```

小数点数でのモジュロを得るには fmod 関数を用います。2 変数引数構成で、第 1 引数には割られる数を、第 2 引数には割る数をそれぞれ指定し、間をセミコロン（;）で区切ります。次の例では、上記同様 3.141 を 2.718 で割って余り 0.423 を得ています。

```
$ jq -n 'fmod(3.141; 2.718)'
0.42300000000000004
```

浮動小数点数演算の精度上の問題で微妙にずれた値になることもあります。精度の問題は本章5.8節で扱います。

パイプから入力を受けるタイプの関数ではないので、パイプ入力値を演算するには、. などパスから明示的に指定します。

```
$ jq -n '3.14 | fmod(.; 2.718)'          # 第1引数がパイプ入力
0.42200000000000015

$ jq -n '2.718 | fmod(3.14; .)'          # 第2引数がパイプ入力
0.42200000000000015
```

5.2 丸め処理

小数点数を切り上げたり切り捨てたりすることで整数に変換する処理を丸め（rounding）といいます。たとえば、3.14 の小数点以下の値を切り捨てて整数 3 にします。jq には、次の表に示すそれぞれ微妙に異なる丸めの方法があります。

表 5.2 ●丸め処理関数

関数	方法	補記
ceil	＋∞への丸め	切り上げ
floor	−∞への丸め	切り捨て
round	最接近の丸め	四捨五入
trunc	0への丸め	切り捨て

いずれも、処理対象の値はパイプから受けつけるため、関数引数は取りません。

丸めは、下図のように数直線上にある 1 点を左右どちらかの整数値に移動する操作です。表の 2 列目に示した方式は、丸めがどんなときにどちらの方向に動くかを表現しています。

図5.1 ●丸め方式

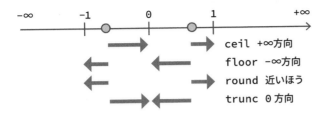

■ 5.2.1 切り上げ

ceil 関数は数直線上の位置にかかわらず右に進みます。右はプラス無限大方向なので「＋∞への丸め」と呼ばれます。そのため、正の値なら小数点数がなくなって整数部分がひとつ増えますが、負の値のときには小数点数が切り捨てられるだけとなります。

```
$ jq -n '[-3.3, -2.6, 0.2, 1.7] | .[] | ceil'
-3                                              # -3.3 → -3
-2                                              # -2.5 → -2
1                                               # 0.2 → 1
2                                               # 1.7 → 2
```

■ 5.2.2 切り捨て

floor 関数は、反対にいつでも数直線上を左に進みます。左はマイナス無限大方向なので「−∞への丸め」と呼ばれます。

```
$ jq -n '[-3.3, -2.6, 0.2, 1.7] | .[] | floor'
-4                                              # -3.3 → -4
-3                                              # -2.6 → -3
0                                               # 0.2 → 0
1                                               # 1.7 → 1
```

■ 5.2.3　最接近丸め

round 関数は、数直線上の位置から近いほうの整数を選択します。近いほうなので「最接近丸め」（rounding to the nearest）と呼ばれます。0 と 1 の間にある 0.2 は、0 に近いので 0 になります。-2.6 は -2 と -3 では -3 に近いので -3 です。

```
$ jq -n '[-3.3, -2.6, 0.2, 1.7] | .[] | round'
-3                                          # -3.3 → -3
-3                                          # -2.6 → -3
0                                           # 0.2 → 0
2                                           # 1.7 → 2
```

■ 5.2.4　0 への丸め

trunc 関数は、数直線上の位置から 0 に近い整数を選択します。正の値では floor のように左方向を、負の値では ceil のように右方向をそれぞれ選択します。結果として、小数点以下の数を切り詰める（truncate）ことから、この関数名がつけられています。

```
$ jq -n '[-3.3, -2.6, 0.2, 1.7] | .[] | trunc'
-3                                          # -3.3 → -3
-2                                          # -2.6 → -2
0                                           # 0.2 → 0
1                                           # 1.7 → 1
```

5.3　数値の分解

本節では、数値を分解したうえで、特定の部分に着目して操作する関数を説明します。

■ 5.3.1　絶対値

|x| と表記される絶対値演算は、数値の符号部分を除いた値だけを抽出する操作です。jq の関数では fabs です。一般的な言語の関数名 abs に f がついているのは、C 言語の浮動小数点数

（floating）用の関数を採用しているからです。被演算子はパイプから入力します。

```
$ jq -n '[-3.3, -2.6, 0.2, 1.7] | .[] | fabs'
3.3
2.6
0.2
1.7
```

■ 5.3.2　整数部分と小数点部分への分解

modf 関数は、入力した数値を整数部分と小数部分に分解し、それぞれを要素とした配列を返します。

```
$ jq -n '3.1415 | modf'
[
  0.14150000000000018,                          # 小数部分
  3                                             # 整数部分
]
```

入力値の負号はどちらにもつきます。

```
$ jq -n '-2.718 | modf'
[
  -0.718,
  -2
]
```

指数表記の数値でも適切に動作します。

```
$ jq -nc '2718e-3 | modf'                       # 2.718におなじ
[
  0.718,
  2
]
```

■ 5.3.3　符号の転写

copysign 関数は、第 1 引数の数値に第 2 引数の値の符号をコピーします。fmod のように引数に
直接値を指定するタイプの関数です。

```
$ jq -n 'copysign(3.14; -2)'              # 3.14に-2の符号-をつける
-3.14

$ jq -n 'copysign(-3.14; 2)'              # -3.14に2の符号+をつける
3.14
```

5.4　その他の数学関数

本節では、上記以外の主要な数学関数を列挙します。

■ 5.4.1　最大値と最小値

fmax および fmin は、関数引数で指定したふたつの数値から大きいほうあるいは小さいほうの値
を出力する関数です。f が示すように、浮動小数点数対応の数学関数です。

```
$ jq -n 'fmax(1069; 3571)'
3571

$ jq -n 'fmin(1069; 3571)'
1069
```

4.4 節で紹介した配列用の max と min、オブジェクト用の max_by と min_by と異なり入力は数値
の併記ですが、おなじ値ならどれでもおなじ結果が得られます。

```
$ jq -n '[1069, 3571] | max'              # 2要素配列のmax
3571

$ jq -n '[1069, 3571] | fmax(.[0]; .[1])'  # 要素を分解してfmaxで指定
```

```
3571

$ jq -n '[{"a":1069}, {"a":3571}] | min_by(.a) | .a'        # aプロパティのmin
1069

$ jq -n '[{"a":1069},{"a":3571}] | fmin(.[0].a;.[1].a)'    # 分解したaからfminで指定
1069
```

■ 5.4.2 指数関数

続いては、べき乗を計算する指数関数です。

表5.3 ●指数関数

関数	説明
sqrt	平方根（$x^{1/2}$）
exp	底が e の指数関数（e^x）
exp10	底が 10 の指数関数（10^x）
exp2	底が 2 の指数関数（2^x）
pow	底 a の指数関数（a^x）
hypot	直角三角形の斜辺の長さ（$(x^2 + y^2)^{1/2}$）

　最初の 4 つはパイプ経由で対象の値を受け取る 1 変数の関数ですが、残りのふたつは 2 変数関数です。pow は底（a^x の a）と指数（x）の順で指定します。hypot は指数関数ではないですが、直角三角形の 2 辺の長さから斜辺の長さを計算するものです。hypot は hypoteuse（斜辺）の略です。exp2、pow、hypot の用例を次に示します。

```
$ jq -n '10 | exp2'                          # 2の10乗
1024

$ jq -n '10 | pow(2; .)'                      # これも2の10乗
1024

$ jq -n 'hypot(3;4)'                          # 直角三角形の斜辺の長さ
5
```

■ 5.4.3 対数関数

次は、指数関数の逆関数の対数関数です。

表 5.4 ●対数関数

関数	説明
log	底が e の対数関数（$\log_e x$）
log10	底が 10 の対数関数（$\log_{10} x$）
log2	底が 2 の対数関数（$\log_2 x$）

log10 の用例を exp10 とからめて次に示します。$\log_{10}(10^{10})$ を計算しています。

```
$ jq -n '10 | exp10 | log10'                        # 10の10乗のlog10
10
```

■ 5.4.4 三角関数

三角関数関連には双曲線関数（cosh x など）やその逆関数（$\cosh^{-1}$ x など）もありますがここでは割愛します。

表 5.5 ●三角関数

関数	説明
acos	逆余弦関数（$\cos^{-1} x$）
asin	逆正弦関数（$\sin^{-1} x$）
atan	逆正接関数（$\tan^{-1} x$）
cos	余弦関数（$\cos \theta$）
sin	正弦関数（$\sin \theta$）
tan	正接関数（$\tan \theta$）

ラジアン（radian）ベースなので、角度を用いるときは $\theta \pi /180$ から計算します。次の例では角度で 0、30、60、90 度の sin を計算しています。

```
$ jq -n '[0, 30, 60, 90] | .[] | . * 3.1459 / 180 | sin'
0
0.5006215830070638                                  # sin(30)は正確には0.5
0.8667424019634644
```

```
0.9999976808467592                              # sin(90)は正確には1.0
```

πが正確ではないので、誤差が生じています。（より）正確なπの値は逆三角関数から求められます。

```
$ jq -n '1 | asin * 2'                          # arch-sine(1)の2倍がπ
3.141592653589793
```

πやeなどの数学定数を多用するときは、10.3節で説明する要領で変数に定義できます。次の例では、π/180を変数 $pi180 に格納し、あとから角度ベースの sin の計算に使っています。上記の結果より、やや向上が見られます。

```
$ jq -n '(1 | asin * 2 / 180) as $pi180 |       # 変数定義部分
  [0, 30, 60, 90] | .[] | . * $pi180 | sin'      # $pi180を使用
0
0.49999999999999994                             # かなり0.5に近づいた
0.8660254037844386
1
```

10.4節で取り上げる関数定義も便利です。次の例では、角度版の正弦関数 sindegree を定義しています。フィルタの先頭からセミコロン（;）までが関数定義です。

```
$ jq -n 'def sindegree(x):                       # 関数宣言
    (1 | asin * 2 / 180) * x | sin;              # 関数定義部分
  [0, 30, 60, 90] | .[] | sindegree(.)'          # 関数呼び出し
0
0.49999999999999994
0.8660254037844386
1
```

5.5 数列の生成

--null-input コマンドオプションから処理対象の数値をフィルタに記述する手は、本章のサンプルで示したように、jq を簡易電卓として利用するのに便利です。しかし、長い数列を手で書くのは面倒です。こうしたときには、指定の範囲の数値を生成する range 関数を用います。

関数引数をひとつだけ指定したときは、0 からその値の直前までひとつずつ増加させた整数を出力します。

```
$ jq -nc 'range(5)'                          # 0から4（無構造）
0
1
2
3
4
```

出力はそれぞれが独立した JSON テキスト（この場合は数値）です。配列が必要なら、配列化の [] でくくります。

```
$ jq -nc '[range(5)]'                         # 0から4の配列
[0,1,2,3,4]
```

関数引数がふたつのときは、第 1 引数が開始値で、第 2 引数が終了値（この値自体は含まない）です。3 つのときの第 3 引数は増加値です。

```
$ jq -n 'range(4;8)'                          # 4から7までの値（増分は1）
4
5
6
7

$ jq -n 'range(4;8;2)'                        # 4から7までの値（増分は2）
4
6
```

小数点数も使えますが、値が正確ではないこともあります。次の例では 0 からスタートして 0.2

ずつ 1 までインクリメントしていくことで 0、0.2、0.4、0.6、0.8 を出力しようとこころみていますが、丸め誤差のせいでぴったりの値ではないものも出てきます。

```
$ jq -n 'range(0;1;0.2)'
0
0.2
0.4
0.6000000000000001                                 # ぴったり0.6ではない
0.8
```

ぴったりの値が必要なら、丸め関数を使います。次の例では値を 100 倍し、丸め、100 で割ることで数値の精度を小数点数以下 2 桁にそろえています。

```
$ jq -n 'range(0;1;0.2) | . * 100 | round | . / 100'
0
0.2
0.4
0.6                                                # ぴったり0.6
0.8
```

加減乗除演算子や数学関数を併用すれば、単純なものであればいろいろな数列が生成できます。次の例は平方の数列です。

```
$ jq -n '[range(5) | pow(.; 2)]'
[
  0,
  1,
  4,
  9,
  16
]
```

配列をおなじ値で初期化する fill 関数はありません。その代わり、range 関数で順次増加する数列を生成し、それら要素を更新代入の |= で強制的に固定値に書き換えるという手が使えます。次の例では、range(30) から 30 個の連続した数値を生成し、全要素を 0 に変更しています。

```
$ jq -nc '[range(30) | . |= 0]'
[0,0,0,0,0,0,0,0,0,0,0,0,0,0,0,0,0,0,0,0,0,0,0,0,0,0,0,0,0,0]
```

　フィボナッチ数列や素数列のように前の値を参照するのは得意ではありませんし、単なるパーザにそこまでさせるのは酷でしょう。もっとも、やればできないわけではないので、10.5 節ではフィボナッチ数を生成します。

5.6　日時関数

　Unix エポック時間とわたしたちが一般的に用いる日時表記を相互に交換する関数も jq には備わっています。次の表によく利用するものを示します。

表 5.6 ●日時関数

関数	説明
fromdateiso8601	ISO 8601 形式の日時文字列を Unix エポック時間に変換
gmtime	Unix エポック時間を tm 構造体のメンバーを要素とした配列に変換（GMT 版）
localtime	gmtime のローカル時間版
mktime	gmtime あるいは localtime が生成した配列を Unix エポック時間に変換
now	現在の Unix エポック時間を取得
strftime	Unix エポック時間を指定のフォーマットの文字列に変換
todateiso8601	Unix エポック時間を ISO 8601 形式の日付文字列に変換

　Unix エポック時間は、協定世界時（UTC）で 1970 年 1 月 1 日 00:00:00 を起点（0）とした秒数で経時される時間です。日時の換算や表記にはここで説明するよりもいろいろな話題（たとえばロケールなど）がありますが、ここでは割愛します。詳細は Wikipedia や C の関数マニュアルなどを参照してください。

　GMT（Greenwich Mean Time）と UTC（Universal Time Coordinated）は普通に生活をしている範囲ではおなじものと考えてかまいません。

■ 5.6.1　現在の日時

now 関数は、現在時刻を Unix エポック時間で返します。Unix エポック時間は整数表現が一般的ですが、昨今ではマイクロ秒（10^{-6}）までを小数点数で示す実装が多くなっています。now も同様です。

```
$ jq -n 'now'
1611108712.695049                              # マイクロ秒単位
```

精度はコンピュータのハードウェアや OS に依存します。あてにできるのは、たいていはミリ秒レベルです。必要なら丸めて用います。次の例では、now から得たマイクロ秒単位の値をオリジナル、秒単位、ミリ秒単位にそれぞれ変換しています（今回は floor を使っています。違う関数を紹介したいだけで、計算上での意図はとくにありません）。

```
$ jq -n 'now | ., floor, (. * 1000 | floor | . / 1000)'
1611115480.179513                              # もとのマイクロ秒
1611115480                                     # floor（切り捨て）
1611115480.179                                 # ミリ秒
```

■ 5.6.2　Unix エポックと文字列表記の相互変換

fromdateiso8601 と todateiso8601 関数は、ISO 8601 で規定された文字列表記と Unix エポック時間を相互に変換します。用いられるタイムゾーンは UTC です。

ISO 8601 フォーマットは 4 桁西暦、2 桁整数月（1 桁では 0 を先頭につける）、2 桁日（1 桁は先頭に 0）をハイフンでつなげた日、文字 T、コロンで連結した 2 桁時分秒、そしてタイムゾーンで構成されています。

タイムゾーンは UTC から何時間ずれているかを示し、UTC より進んでいるときに +、遅れているときに −の符号がつきます。たとえば、ロンドンより 9 時間進んでいる日本は +09:00 で、7 時間遅れている米国西海岸標準時は −07:00 です。タイムゾーンが UTC のときは Z でもかまいません。例を次に示します。日本時間帯の 2021 年 1 月 3 日 12 時 13 分 9 秒です。

```
"2021-01-03T12:13:02+09:00"
```

次の例では、now 関数で生成した Unix エポック時間を todateiso8601 から ISO 8601 文字列に変換しています。タイムゾーンの Z は UTC を示します。

```
$ jq -n 'now | todateiso8601'
"2021-01-20T02:13:02Z"                                    # 末尾のZはUTC
```

この結果をさらに Unix エポックに戻します。now がマイクロ秒精度なのに対し、fromdateiso8601 は秒単位の整数を返すところに注意してください。

```
$ jq -n 'now | todateiso8601 | fromdateiso8601'
1611112390
```

■ 5.6.3　日時の分解

gmtime と localtime は単一の数値である Unix エポック時間を年や秒などの要素に分解し、それらを配列にして返す関数です。gmtime の実行例からこれらを示します。

```
$ jq -n 'now | gmtime'
[
  2021,                                    # 4桁西暦年号
  0,                                       # 整数表記の月 (0〜11)
  20,                                      # 整数表記の日 (1〜31)
  2,                                       # 整数表記の時 (0〜23)
  28,                                      # 整数表記の分 (0〜59)
  36.26395106315613,                       # 数値表記の秒 (0〜60)
  3,                                       # 整数表記の曜日 (0〜6)
  19                                       # 年内の通算日数 (0〜365)
]
```

月が 0 から 11 の範囲なのは、1 月を 0 としてスタートしているからです。秒の範囲が 60 まで定義されているのは、時刻調整のうるう秒が挿入されることもあるからです。あらかじめいつ起こるか調べてから新年のカウントダウンのように待ち受けていなければ、見ることはまずないでしょう。曜日は日曜にスタート (0) し、土曜に終わります (6)。通算日数は 1 月 1 日を 0 としています。

配列の中身は、Unix の日時表現で用いる tm 構造体と基本はおなじです。ただし、構造体メン

バの登場順が異なる、年号が 1900 年起点（tm では 2021 年は 121）ではないなど微妙に異なります。

gmtime と localtime は機能的にはおなじですが、前者は GMT、後者はそのコンピュータ（あるいは実行系）に設定されているローカル時間を返します。比較してみましょう。

```
$ jq -nc 'now | gmtime, localtime'
[2021,0,20,2,34,43.97112703323364,3,19]          # GMT
[2021,0,20,15,34,43.97112703323364,3,19]         # ローカル
```

時を示す 3 番目の要素だけが 2 と 15 と異なります。13 時間ずれているのは、筆者のマシンがニュージーランド時間に設定されており、そのとき夏時間で GMT から 13 時間進んでいたからです。

gmtime あるいは localtime から得た日時情報配列を Unix エポック時間に変換する逆関数が mktime です。次の例では、now から得た Unix エポック時間をそのままと gmtime 経由で配列にした結果を mktime で戻した結果を表示しています。

```
$ jq -nc 'now | ., (gmtime | mktime)'
1611114493.294781
1611114493
```

小数点以下の値があるかないか以外、結果はおなじです。

分解すれば、日や時だけの加減乗除ができます。次の例では gmtime で得た日時配列の 2 番目の要素（日）に 1000 を加え、mktime で Unix エポックに戻してから ISO 8601 文字列に直しています。日に 1000 を加えると妙な日になりそうですが、年月が自動的に調整されます。

```
$ jq -nc 'now | ., (gmtime | .[2]|=.+1000 | mktime) | todateiso8601'
"2021-01-20T03:30:01Z"                           # もとの日時
"2023-10-17T04:30:01Z"                           # 1000日加えた
```

■ 5.6.4　カスタム日時文字列

strftime 関数を使えば、Unix エポック時間をカスタムメイドの日時文字列に変換できます。関数引数には % から始まるアルファベット 1 文字（%I など）で構成された変換指定文字を含んだ文字列を指定します。よく用いられる変換指定文字を次の表に示します。C 言語の同名の関数とおな

じものなので、これ以外の指定文字はC言語リファレンスを参照してください。

表5.7 ● strftime 関数の変換指定文字列

変換指定文字	説明
%Y	4桁整数の西暦年
%b	略記での月の文字列（Jan など）
%B	完全版での月の文字列（January など）
%m	10進数表記での月（01–12）
%d	日（01–31）
%F	%Y-%m-%d におなじ
%H	24時間表記での時（00–23）
%I	12時間表記での時（01–12）
%M	分（00–59）
%S	秒（00–60）
%p	午前午後を示す文字列（AM や PM）
%a	略記版曜日文字列（Sun など）
%A	完全版曜日文字列（Sunday など）

曜日つきの年月日と午前午後区分つきの時分秒を出力する例を次に示します。

```
$ jq -n 'now | strftime("%Y年%m月%d日（%A）")'          # 年月日（曜日）
"2021年01月20日（Wednesday）"

$ jq -n 'now | strftime("%I時%M分%S秒（%p）")'          # 時分秒（午前午後）
"04時14分16秒（AM）"
```

5.7 数値定数

infinite と nan は jq に用意された数値定数です。前者は無限大、後者は非数（Not a number）で、どちらの定数もデータ型は数値です。ちなみに、JSON には無限大も非数も定義されていません。

```
$ jq -rn 'infinite, nan | type'
number                                                  # infiniteは数値
```

```
number                                              # nanも数値
```

■ 5.7.1　無限大

　数値なので、infinite は他の数値と演算できます。ためしに、number01.json の値に加えてみます。

```
$ cat number01.json | jq '.[] | . + infinite'
1.7976931348623157e+308
1.7976931348623157e+308
1.7976931348623157e+308
1.7976931348623157e+308
1.7976931348623157e+308
1.7976931348623157e+308
```

　すべて 1.7976931348623157e+308 になりましたが、これは jq が表現できる上限よりも大きい数です。

　もっとも、infinite を数値演算に用いることはあまりないでしょう。あるとすれば、値が計算可能範囲にあるかどうかを、比較演算子から判断するときくらいです。ためしに、number01.json の 6 つの値が無限大未満かをそれぞれ確認します。比較演算子は 9.1 節で説明しますが、ここでは < は左が右未満ならば true を、そうでなければ false を返すことだけわかれば十分です（9.3 節で説明する述語関数の isinfinite なども利用できます）。

```
$ cat number01.json  | jq -c '.[] | [., . < infinite]'  # .が無限大未満かを確認
[6.6260689633e-34,true]
[3.141592653589793,true]
[1.7014118346046923e+38,true]
[9007199254740991,true]
[9007199254740992,true]
[1.7976931348623157e+308,false]
```

　false が返ってくるのは最後の binary64 プロパティだけです。number01.json に列挙された数値については次節で説明します。

5.8 数値の精度

　JSON は、表現できる数値の精度は規定していません。ただのテキストデータだからです。あきれるほど長い桁数の数値を記述してもかまいません。しかし、それを読み込むプログラムの側には制約があり、これは jq でも同様です。

　思わぬエラーを回避し、相互運用性を高めるには、数値は倍精度小数点数が表現できる範囲にとどめるべきだと RFC 8259 は述べています。これは、一般には IEEE 754 が規定する 64 ビット表現（binary64）を指します。jq も、浮動小数点数の内部表現にこの仕様を用いています。

　IEEE 754 の表現方式では、仮数部（$A \times 10^B$ の A の部分）は 10 進数でだいたい 16 桁（たとえば 1.23 456 789 012 345 6）まで、指数部（B の部分）は 308 までが記述可能です。この範囲を超えると、切り捨て、整数表記から指数表記への変換、丸め誤差が発生します。

　number01.json をシンプルな . フィルタにとおすことで、精度を確認します。ここでは、Unix コマンドの paste を用いて元データと処理後の値を交互に表示します。ただ、paste はファイル指向なので、jq の出力は一時ファイルに格納しています。

```
$ jq '.' number01.json > x                                    # jqの結果をファイルxに収容

$ paste -d '\n' number01.json x                               # 元ファイルとxを交互に出力
{                                                             # 元データが前にくる
{                                                             # その次の行がjqを介した値
  "planck": 6.6260689633e-34,                                 # おなじ
  "planck": 6.6260689633e-34,
  "pie": 3.1415926535897932384626433,                        # 打ち切り
  "pie": 3.141592653589793,
  "mersenne": 170141183460469231731687303715884105727,       # 打ち切り+指数表現化
  "mersenne": 1.7014118346046923e+38,
  "pow53minus1": 9007199254740991,                            # おなじ
  "pow53minus1": 9007199254740991,
  "pow53plus1": 9007199254740993,                             # 不正確
  "pow53plus1": 9007199254740992,
  "binary64": 1.7976931348623157e+309                         # 不正確
  "binary64": 1.7976931348623157e+308
}
}
```

上から順に説明します。

- planck（プランク定数）は仮数部が 11 桁で、指数部が –34 です。IEEE 754 の範囲内なので jq を介しても、もととおなじ値が得られます。
- pie（円周率の π）は指数部なしの 26 桁の小数点数です。仮数部は 16 桁くらいまでしか表現できないので、途中で打ち切られます。
- mersenne は 39 桁の整数です（これは 11 番目のメルセンヌ素数で、2 重メルセンヌ数でもある $2^{127} - 1$ の値です）。これほど長い整数は 16 桁程度の仮数部では表現できないため、打ち切られると同時に指数表現になります。
- pow53minus1 は 16 桁の整数で、$2^{53} - 1$ です。この値を選んだのは、64 ビット浮動小数点数に割り当てられている 53 ビットの仮数部の範囲内なら整数が正確に表現できるからです。期待どおり、入力と出力が一致します。
- pow53plus1 は $2^{53} + 1$ です。pow53minus1 に 2 を加えた数なので、本来なら一の位の値は 3 のはずですが、jq を介した出力は 2 です。仮数部の範囲を超えたために誤差が生じることがわかります。
- binary64 は指数部が表現可能な 10^{308} を超えた 309 になった指数です。309 のはずが上限の 308 に変わっています。

いずれも仮数部と指数部が正の値ですが、負数でも挙動は同様です。

　以上からわかるように、（絶対値が）大きかったり精度が高かったりする数値には注意が必要です。そうした値を JSON テキストに記述しなければならないときは、文字列を使います。ただし、精度を保ったまま数値演算をするのなら、jq ではなく別の処理系（たとえば JavaScript の BigInt クラス）を併用する必要があります。

5.9　まとめ

本章では、数値の演算方法をまとめて示しました。重要な点は次のとおりです。

- 乗除算の演算子は ＊ と / で、加減算とおなじように被数を前後に指定します。モジュロ演算は ％ です。
- 丸め演算は、数直線上の小数点数からどちら方向に値をずらすかによって 4 種類あります。普通に使うぶんには、あまり気にしなくてもよいでしょう。

- jq には、C の数学関数と同等の機能をもつ関数が多数用意されています。使いなれた関数があるかどうかは、jq マニュアルの Math 章から確認してください。
- jq の数値演算には精度上の問題があります。もっとも、jq で真剣な数値演算をすることはあまり考えられないので、気にしなくてけっこうです。本当に必要なら別の言語系をお勧めします。

第6章

文字列操作

文字列操作の演算子および関数は、一部、ここまでで次表に示すものを説明しました（登場順）。

表6.1 ●ここまでの文字列操作演算子と関数

操作	演算子・関数	章節
部分文字列の抽出（スライス）	[n:m]	3.1 節
文字列型だけ抽出	strings	4.2 節
数字文字列と数値の間の変換	tostring、tonumber	4.2 節
文字列の連結	+	4.3 節
文字数のカウント	length	4.4 節
配列中の文字列の連結	add	4.4 節
プロパティ値によるオブジェクトのソート	sort_by	4.4 節

　本章では、上記以外の文字列操作を取り上げます。一般的な操作では、アルファベットの小文字大文字の変換、文字列の分解および結合、文字位置の検索などです（6.1 節）。これに加え、文字列操作になくてはならない正規表現も取り上げます（6.2 節）。

　本章のテスト用 JSON ファイルは次に示す string01.json です。8 つの文字列要素を収容したフラットな配列です。最後の要素は絵文字です。

```
[
  "[White] Albert Bichot Chablis",
```

```
    "[Red] albert bichot nuit-saint-georges",
    "[White] Pasqua Soave Classico",
    "[Red] Pasqua Chianti classico",
    "[日本酒] 雨後の月 吟醸純米酒",
    "[日本酒] 雨後の月 斗瓶取り",
    "[日本酒] 五橋 純米吟醸 西都の雫",
    "[日本酒] 五橋 斗瓶取り",
    "🏆"
]
```

6.1 基本操作

本節では、基本的な文字列操作演算子および関数を説明します。四則演算のうち減算 -、除算 /、モジュロ演算 % は文字列に対応していないのでエラーになります。

6.1.1 乗算

乗算演算子の * は、文字列を指定回数だけ繰り返した文字列を生成します。

```
$ jq -n '"酒" * 10'                              # "酒"を10回繰り返す
"酒酒酒酒酒酒酒酒酒酒"
```

順序は入れ替わってもかまいませんが（10 * "酒" でもよい）、被演算子は数値と文字列でなければなりません。文字列と文字列の乗算は定義されていないのでエラーです。

6.1.2 部分文字列

3.1 節で説明したように、部分文字列の取得にはスライス（[n:m]）を用います。おさらいになりますが、次に用例を示します。

```
$ cat string01.json | jq '.[0][:7]'             # 0番目の要素の7文字目以前
"[White]"
```

```
$ cat string01.json | jq '.[4][6:]'                    # 4番目の要素の6文字目以降
"雨後の月 吟醸純米酒"

$ cat string01.json | jq '.[6][6:8]'                   # 6番目の要素の6～7文字目
"五橋"
```

ltrimstr（left trim string）関数および rtrimstr（right trim string）関数は文字列の先頭または末尾から指定の部分文字列を削除します。変更対象の文字はパイプから入力し、部分文字列は関数引数から指定します。指定の部分文字列がなければ、入力文字列は変更されません。

まずは ltrimstr です。ここでは、string01.json の 8 つの要素（文字列）を対象に、"[White]" があればそれを削除します。

```
$ cat string01.json | jq '.[] | ltrimstr("[White]")'
" Albert Bichot Chablis"                          # "[White]"は抜かれるが
"[Red] albert bichot nuit-saint-georges"          # その他はそのまま
" Pasqua Soave Classico"
"[Red] Pasqua Chianti classico"
...
```

次は rtrimstr で、今度は 4 番目から 7 番目の要素（漢字の文字列）だけに絞って、" 斗瓶取り " があればそれを削除します。

```
$ cat string01.json | jq '.[4:8][] | rtrimstr("斗瓶取り")'
"[日本酒] 雨後の月 吟醸純米酒"
"[日本酒] 雨後の月 "                               # "斗瓶取り"削除後
"[日本酒] 五橋 純米吟醸 西都の雫"
"[日本酒] 五橋 "
```

ltrimstr および rtrimstr は固定した部分文字列しか利用できません。ワイルドカードなど所定のルールにのっとって部分文字列を削除するのなら、6.2 節で説明する正規表現を用います。

■ 6.1.3 バイト長

length 関数が文字数を返すのに対し、utf8bytelength は UTF-8 エンコーディングでのバイト数を返します。次の例では、string01.json の 0 番目（ASCII 文字）、4 番目（ASCII 漢字まじり）、8 番目（絵文字）の要素から文字数とバイト数の違いを確かめます。

```
$ cat string01.json | jq '.[0] | ., length, utf8bytelength'
"[White] Albert Bichot Chablis"
29                                                     # 文字数
29                                                     # バイト数

$ cat string01.json | jq '.[4] | ., length, utf8bytelength'
"[日本酒] 雨後の月 吟醸純米酒"
16
40

$ cat string01.json | jq '.[8] | ., length, utf8bytelength'
"🍷"
1
4
```

　0番目のASCII文字列では、文字数とバイト数は一致します。4番目のASCII漢字混じり文字列では、16文字のうちASCII文字部分は[]とスペース2個なので4バイト、残りの漢字12文字は1文字3バイトなので36バイト、計40バイトです。8番目の絵文字は1文字で4バイトです。文字の種類によってバイト数が異なるのは、Unicode文字をエンコードすると、Unicodeコードに応じてバイト数が変わるからです。

（執筆時点では）Windowsのコンソール（コマンドプロンプトやWSL）では、絵文字が文字化けします。

■ 6.1.4 Unicode コード

　ASCII以外の文字列をUnicodeコード表記にするには、--ascii-outputコマンドオプション（1.3節）が利用できますが、各文字を"\uxxxx"で置き換えた文字列を返すだけです。整数値でのUnicodeコードを取得するにはexplode関数を使います。この関数は各文字の10進数表記のUnicodeコードを収容した配列を返します。5番目の要素の先頭5文字からためしてみます。

```
$ cat string01.json | jq '.[5][:5] | explode'
[
  91,                                                 # [  0x5b
```

```
    26085,                                          # 日  0x65e5
    26412,                                          # 本  0x672c
    37202,                                          # 酒  0x9152
    93                                              # ]   0x5d
]
```

　--ascii-output と異なり、ASCII 文字もコード値に変換します。参考までに、コマンドオプショ
ンを用いたときの結果も示します。

```
$ cat string01.json | jq -a '.[5][:5]'          # []はそのまま
"[\u65e5\u672c\u9152]"
```

　explode の反対に、数値の配列から文字列を生成するのが implode 関数です。

```
$ jq -n '[29983, 37202] | implode'              # 0x751f、0x9152
"生酒"
```

　explode は「爆発」で、implode は「爆縮」の意味です。後者はあまり聞かない語ですが、
周囲への影響を最小限にするために内側に折りたたむように廃ビルを爆発させると
き（爆破解体）などで使います。

■ 6.1.5　大文字小文字化

　ascii_upcase 関数は ASCII アルファベット文字を大文字化し、ascii_downcase 関数は小文字化
します。ASCII アルファベットでない文字は変化しません（ISO 8859 の欧州文字も変換しません）。

```
$ cat string01.json | jq '.[0] | ascii_upcase'   # 大文字化
"[WHITE] ALBERT BICHOT CHABLIS"

$ cat string01.json | jq '.[1] | ascii_downcase' # 小文字化
"[red] albert bichot nuit-saint-georges"
```

```
$ cat string01.json | jq '.[4] | ascii_upcase'          # 漢字には作用しない
"[日本酒] 雨後の月 吟醸純米酒"
```

■ 6.1.6 文字列の分割と連結

split 関数は入力文字列を指定のデリミタ文字列で分割し、配列を返します。次の例では、2 番目の要素をスペースで区切ることで、文字列の単語の配列を取得しています。

```
$ cat string01.json | jq '.[2] | split(" ")'            # 単語単位に分割
[
  "[White]",
  "Pasqua",
  "Soave",
  "Classico"
]
```

デリミタ文字列には Unicode 文字も使えます。

```
$ cat string01.json | jq '.[4] | split("の")'            # "の"で分割
[
  "[日本酒] 雨後",
  "月 吟醸純米酒"
]
```

join 関数はその逆で、配列要素を連結することで文字列を生成します。入力は配列でなければなりません。関数引数は連結文字です。次の例では、文字列を単語単位へ split で分解し、そのあとで join から "-" を使って連結することで、スペースをハイフンに置き換えています。

```
$ cat string01.json | jq '.[2] | split(" ") | join("-")'
"[White]-Pasqua-Soave-Classico"
```

配列の要素が null、真偽値、数値のとき、これらは文字列に変換されます。文字列化の挙動は tostring 関数（4.2 節）とおなじです。

```
$ jq -n '["日本", "酒", null] | join(" ")'          # null混じり
"日本 酒 "

$ jq -n '["日本", "酒", true] | join(" ")'          # 真偽値混じり
"日本 酒 true"

$ jq -n '["日本", "酒", 500] | join(" ")'           # 数値混じり
"日本 酒 500"
```

null 混じりのケースでは、" 酒 " の直後にスペースがあるところに注意してください。join 関数は要素と要素の間に連結文字を挿入するので、これは " 酒 " と空文字（""）に変換された null の間にあるスペースです。

前の項で ascii_upcase と ascii_downcase を説明しましたが、単語の先頭だけ大文字にし、あとは小文字にする関数はありません（Python なら string.capitalize() に相当）。しかし、split と join、そして文字列のスライスを併用すれば、できないこともありません

```
$ cat string01.json | jq '.[1]'                 # もとの文字列
"[Red] albert bichot nuit-saint-georges"

$ cat string01.json | jq '.[1] |
  ascii_downcase |                               # 1. 全体を小文字化
  [                                              # 4. 配列化
    split(" ")[] |                               # 2. 単語に分割してループ
    (.[0:1] | ascii_upcase) + .[1:]              # 3. 先頭だけ大文字
  ] |
  join(" ")'                                     # 5. 連結
"[red] Albert Bichot Nuit-saint-georges"
```

1. まず、文字列全体を ascii_downcase から小文字化します。
2. そのうえで、文字列を split 関数から単語単位に分割してループ。
3. 各単語のうち、先頭文字（[0:1]）は大文字にし、残り（[1:]）はそのままとして、+ 演算子で連結します。
4. split から文字単位での操作までは [] でくくります。これで、先頭文字だけが大文字になった単語を要素とした配列が生成されます。
5. 最後に、join 関数でこれらの単語を連結すれば、先頭だけが大文字化されたひとつの文字列が得られます。

"[red]" や "Nuit-saint-georges" の単語先頭も大文字化したいとなると数段ややこしくなりますが、角カッコやハイフンをなくしてもよいのなら、比較的簡単にできます。split を [] や - でも分割できるよう正規表現版の splits 関数（次節）に置き換え、分割の過程で出てくるカラ文字（""）を除くのに not 論理演算子（9.2 節）を用いた select 関数（10.1 節）を加えるだけです。

```
$ cat string01.json | jq '.[1] |
  ascii_downcase |
  [
    splits("[\\]\\[\\- ]") |                    # 正規表現
    (.[0:1] | ascii_upcase) + .[1:] |
    select(. == "" | not)                       # カラ文字を削除
  ] |
  join(" ")'
"Red Albert Bichot Nuit Saint Georges"
```

■ 6.1.7　文字位置の検索

index、rindex、indices 関数は、指定の文字列の位置を検索します。

- index は先頭から検索を開始して最初にマッチする位置を数値で返します。見つからなければ null を返します。
- rindex（right-index）は末尾から検索します。見つからなければ null です。
- indices はマッチするすべての位置を配列で返します。見つからなければカラ配列の [] を返します。

いずれにおいても、検索対象の文字列はパイプから引き渡し、関数引数には検索する文字列を指定します。検索文字列は大文字小文字を区別します。

string01.json の 3 番目の要素から、index で "]" の位置を検索します。

```
$ cat string01.json | jq -r '.[3] | index("]")'       # [Red]なので4番目
4
```

index の結果をスライスで指定すれば、そのデリミタを境に文字列を 2 分割できます。

```
$ cat string01.json | jq -r '.[3] | .[index("]")+2:]'    # ]のあと
Pasqua Chianti Classico

$ cat string01.json | jq -r '.[3] | .[:index("]")+1]'    # ]の前
[Red]
```

最初のスライスのなかで 2 を加えているのは、] とそのあとのスペースも省くためです。同様に、1 を加えているのは、] も含めたいからです。

Unicode 文字も使えますが、index 関数は文字位置ではなくバイト位置を返します。

```
$ cat string01.json | jq -r '.[4] | index("酒")'
7
```

4 番目の要素は "[日本酒] 雨後の月 ..." なので、文字数ベースなら 3 が得られるはずです。しかし、先頭の [が 1 バイト、"日本" が 2 × 3 バイトなので、7 が返ってきます。7 文字目は "後" なので、これをもとにスライスをかけると思わぬ結果となります。

```
$ cat string01.json | jq -r '.[4] | .[index("酒"):]'     # indexは7を返す
後の月 吟醸純米酒                                          # 7文字目は"後"
```

rindex は前述のように末尾からチェックします。

```
$ cat string01.json | jq -r '.[1] | rindex("albert")'     # "albert"の"a"の位置
6
```

indices はすべてのマッチする位置を配列で返す点を除けば、前記のふたつの関数と変わりません。

index は、その複数形が indexes でも indices でも文法的にどちらでもかまわないという珍しい単語です。前者は複数形には s を加えるというルールから生成されており、後者は語源のラテン語からきているとされています。おなじ意味の語のスペルの相違はしばしば英米の違いに起因しますが、英米どちらの辞書（英なら Oxford、米なら Merriam-Webster など）にもふたつの複数形が併記されています。

次の例では、文字列 "[White] Albert Bichot Chablis" にある 3 か所のスペースを検出しています。

```
$ cat string01.json | jq -c '.[0] | indices(" ")'
[7,14,21]
```

これだけではおもしろくないので、スペースの位置がわかりやすいよう、もとの文字列に併記してスペースの位置まで "*" でインデントした数値も加えます。

```
$ cat string01.json | \
  jq -r '.[0] | ., (                    # 1. 併記
    indices(" ")[] |                    # 2. インデックスのループ
    . * "*"                             # 3. インデックス分の"*"
    +                                   # 5. 3と4を連結
    (. | tostring)                      # 4. インデックスを文字列化
  )'
[White] Albert Bichot Chablis
*******7
**************14
*********************21
```

1. オリジナルの文字列（.）とインデックス番号用の行をカンマ（,）で併記します。
2. indices からスペースの位置を取得します。そして、得られた配列 [7, 14, 21] をイテレートします。
3. それぞれのインデックス値をパイプ経由で文字列の乗算（. * "*"）に引き渡します。これで "****…" のようにその数のぶんだけの "*" でできた文字列が生成されます。
4. インデックス値は数値なので文字列に変換します（. | tostring）。
5. 3 と 4 の文字列を連結します。

なお、indices は配列にも利用できます（7.1 節）。

6.2 正規表現

jq でも正規表現は利用できます。また、配列やオブジェクトという JSON 固有のデータ表現を扱いやすくするため、一般的な正規表現と機能の異なる関数も用意されています。具体的には、次の関数が利用できます。

表 6.2 ●正規表現関数

関数	説明
capture	マッチする値のペアからオブジェクトを生成
gsub	マッチする文字の入れ替え（sub のグローバル版）
match	マッチした部分文字列を含むオブジェクトを生成
scan	マッチした部分文字列を返す
splits	マッチするデリミタで文字列を分割して配列を返す（本章の split 関数の正規表現版）
sub	マッチする文字の入れ替え（substitute の sub）
test	マッチすれば true を返す（述語関数）

■ 6.2.1 使用上の注意

Unix ディストリビューションのなかには、正規表現機能のない jq をバンドルしているものもあります。これは、この機能を加えるかがコンパイル時のオプションで選択できるからです。次の jq コマンドをためしてください。

```
$ jq -n '"3.1415" | test("\\d+")'                    # 入力が数値ならtrueを返す
```

機能があれば、true が表示されます。なければ、次のエラーが報告されます。

```
jq: error (at <stdin>:0): jq was compiled without ONIGURUMA regex libary.
  match/test/sub and related functions are not available
```

エラーメッセージにある ONIGURUMA（鬼車）は K.Kosako が開発した正規表現ライブラリで、jq 以外では Ruby や Atom で採用されています。詳細は GitHub (https://github.com/kkos/oniguruma) を参照してください。

エラーが報告されたら、jq のサイトからインストールしてください（付録 A）。

正規表現で利用する \d+ や [a-z]{5} などのパターンマッチ表現は非常に豊富で、本書の範囲を超えるため、とくには説明しません。jq のパターンマッチメタシンボルは Perl のそれと互換（Perl Compatible Regular Expression）なので、そちらのリファレンスマニュアルを参照してください。

```
https://perldoc.jp/docs/perl/5.16.1/perlreref.pod        # perldoc日本語版
```

■ 6.2.2 パターンマッチ文字列

パターンマッチ文字列はいちど jq に解釈されてから関数に引き渡されるので、バックスラッシュを用いた \w のようなメタシンボル表現は \\w のようにエスケープしてから指定します。次の例では、パターンがマッチすれば true を返す test 関数（後述）で、任意の桁数の数字を示す \d+ をエスケープのありなしでためしています。

```
$ jq -n '"Chablis 2004" | test("\\d+")'              # \\d+ならOK（2004にマッチ）
true

$ jq -n '"Chablis 2004" | test("\d+")'               # \d+のみだとエラー
jq: error: Invalid escape at line 1, column 4 (while parsing '"\d"')
  at <top-level>, line 1:
"Chablis 2004" | test("\d+")
jq: 1 compile error
```

■ 6.2.3 正規表現関数の引数

どの正規表現関数でも入力はパイプから引き渡します。入力が文字列でなければエラーなので、tostring 関数から文字列に変換したうえでチェックします。

```
$ jq -n '2004 | test("\\d+")'                        # 数値はエラー
jq: error (at <unknown>): number (2004) cannot be matched, as it is not a string

$ jq -n '2004 | tostring | test("\\d+")'             # 文字列にすればOK
true
```

配列もエラーになるので、イテレータ [] で個々の要素に分解してからチェックします。

```
$ jq -n '["2004", "2012"] | test("\\d+")'          # 配列もエラー
jq: error (at <unknown>): array (["2004","20...) cannot be matched,
  as it is not a string

$ jq -n '["2004", "2012"] | .[] | test("\\d+")'    # ループすればOK
true
true
```

第 1 引数にはパターンマッチ文字列を指定します。第 2 引数には、オプションでフラグを指定できます。次の例では、大文字小文字を無視する i フラグを用いています。

```
$ jq -n '"Albert" | test("a")'                     # "a"はマッチしない
false

$ jq -n '"Albert" | test("a"; "i")'                # 大文字小文字無視
true
```

ただし、文字列置換の gsub および sub 関数では第 1 引数にパターンマッチ文字列を、第 2 引数に置換文字を指定する都合上、オプションフラグは第 3 引数から指定します。次の最初の例では "e" を "E" に変換しています。第 3 引数が未指定なので、大文字小文字依存です。続く例では、第 3 引数に大文字小文字非依存オプションの "i" を加えることで、"a" あるいは "A" を "X" に変換しています。

```
$ jq -n '"Albert" | sub("e"; "E")'
"AlbErt"

$ jq -n '"Albert" | sub("a"; "X"; "i")'
"Xlbert"
```

フラグは、よく用いられるものなら perl とおなじですが、一部異なるものもあります。たとえば、perl の l フラグは現在のロケールを使用せよという指示ですが、jq では最長マッチという意味になります。よく用いるフラグを次に示します。

表 6.3 ●正規表現関数のフラグ

フラグ	意味
g	グローバルマッチ（指定がなければ最初のもののみ）
i	大文字小文字を区別しない
m	改行をまたいでパターンを検索 (複数行モード)

　フラグは文字列で指定するので、上記の例のようにダブルクォートでくくります。複数指定するときはひとつのクォートで "ig" のようにくくります。次の例では大文字小文字無関係で（i）、グローバル（g）にマッチした部分文字列を返す match 関数（後述）を用いた例です。"ClasSico" で "s" が大文字小文字混ぜて 2 か所（3 文字目と 4 文字目）見つかります。

```
$ jq -cn '"ClasSico" | match("s"; "ig")'
{"offset":3,"length":1,"string":"s","captures":[]}
{"offset":4,"length":1,"string":"S","captures":[]}
```

■ 6.2.4　test

　test 関数は、入力文字列にパターンマッチ文字列があれば true を、なければ false を返します。このように指定の条件が満たされるか否かで真偽値だけを返す関数を述語関数と呼びます。jq の述語関数は 9.3 節でまとめて取り扱いますが、正規表現関数でもある test はここで説明します。
　以下の例では、入力が（大文字でも小文字でも）"classico" を含むかどうかをチェックしています。

```
$ cat string01.json | jq -r '.[] | test("classico"; "i")'
false
false
true
true
false
false
false
false
false
```

　もっとも、true/false だけを表示したいことはあまりないでしょう。10.1 節で説明する、選択

関数の select の引数に test を指定することで、マッチした文字列だけを抽出するのが一般的な用例です。

```
$ cat string01.json | jq -r '.[] |            # マッチしたもののみ出力
  select(test("classico"; "i"))'
[White] Pasqua Soave Classico
[Red] Pasqua Chanti classico
```

■ 6.2.5 match

match 関数はマッチした部分文字列をオブジェクトの形で返します。次の例では、string01.json から、末尾が " 純米酒 " である文字列にマッチする部分文字列を探しています（末尾を指定するには $ を使う）。9 つの文字列で該当するのは " 雨後の月 吟醸純米酒 " だけです。

```
$ cat string01.json | jq '.[] | match("純米酒$")'        # 末尾が"純米酒"にマッチ
{
  "offset": 13,
  "length": 3,
  "string": "純米酒",
  "captures": []
}
```

出力されるオブジェクトにはそれぞれ次のプロパティが格納されています。

表 6.4 ● match 関数の返すオブジェクト

プロパティ	値
offset	マッチした部分文字列の先頭からの文字位置
length	マッチした文字数
string	マッチした文字
captures	キャプチャが指定されたときのマッチ

offset と length は Unicode 文字での文字カウントを示します。上記の例では、" 純米酒 " の先頭位置は 0 からカウントして 13 番目なので、offset 値は 13 です。また、マッチしているのは " 純米酒 "3 文字なので、length は 3 です。

マッチした文字だけに興味があるのなら、string プロパティだけを抜き出します。

```
$ cat string01.json | jq '.[] | match("純米酒$") | .string'
"純米酒"
```

■ 6.2.6 match とキャプチャ

ひとつの入力文字のなかから複数の部分文字列を抽出するには、キャプチャ（capture）を用います。具体的には、抽出したい部分のパターンマッチ文字列をそれぞれ () でくくります。マッチした部分文字列は、perl では登場順に $1、$2 などの数字つきの特殊変数からアクセスできますが、match 関数では captures プロパティに配列の形で収容されます。さきほどの " 純米酒 $ " の例ではカッコは使われていないので、captures プロパティはカラです。

次の例では、string01.json から "[]" でくくった部分と " 純米 " を含む単語を抽出します。パターンマッチ文字列は次のようになります。

```
"\\[(\\w+)\\].+ (\\w*純米\\w*)"
```

- "[]" の間の任意の書き文字は \w で指定します。ASCII だと [0-9a-zA-Z_] を意味しますが、UTF-8 文字も含まれます。jq 用にエスケープすれば、\\w です。この部分はキャプチャなのでカッコでくくります。つまり、(\\w+) です。これが最初のキャプチャです。[] は正規表現のメタ文字なので、普通の正規表現でリテラルを指示するときの要領でエスケープが必要です（\[\]）。jq ではさらにエスケープを加えるので、これは \\[\\] となります。
- 間は任意の文字なので .+ を使います。
- （判別しにくいですが）+ のあとにスペースがひとつあります。これは、次の単語との間にスペースがあることを明示するためのものです。
- " 純米 " は 4 番目の "[日本酒] 雨後の月 吟醸純米酒 " と 6 番目の "[日本酒] 五橋 純米吟醸 西都の雫 " に含まれています。前者では 2 文字と 1 文字、後者では 0 文字と 2 文字が前後にぞれぞれ含まれているので、パターンマッチ文字列は "\w* 純米 \w*" です。jq 用にエスケープすれば、"\\w* 純米 \\w*" となります。これをカッコでくくることで 2 番目のキャプチャとします。

実行します。

```
$ cat string01.json | \
  jq '.[] | match("\\[(\\w+)\\].+ (\\w*純米\\w*)")'
{                                               # ひとつめのマッチ（4番目）
  "offset": 0,
  "length": 16,
  "string": "[日本酒] 雨後の月 吟醸純米酒",      # マッチ文字列全体
  "captures": [
    {
      "offset": 1,
      "length": 3,
      "string": "日本酒",                        # 最初のキャプチャ
      "name": null
    },
    {
      "offset": 11,
      "length": 5,
      "string": "純米吟醸酒",                     # 次のキャプチャ
      "name": null
    }
  ]
}
{
  "offset": 0,
  "length": 13,
  "string": "[日本酒] 五橋 純米吟醸",            # "成都の雫"は含まれない
  "captures": [
    {
      "offset": 1,
      "length": 3,
      "string": "日本酒",
      "name": null
    },
    {
      "offset": 9,
      "length": 4,
      "string": "純米吟醸",
      "name": null
    }
  ]
}
```

トップレベルの string プロパティにはマッチした全体が収容されます。雨後の月のほうは " 純米吟醸酒 " が末尾にあるので文字列全体ですが、五橋のほうは " 純米吟醸 " に続く " 成都の雫 " が、パターンマッチ文字列の枠外にあるため含まれていないところに注意してください。

captures プロパティには、マッチしたふたつのキャプチャオブジェクトが含まれています。このオブジェクトには次のプロパティが格納されています。

表 6.5 ● match 関数の返す captures オブジェクト

プロパティ	値
offset	マッチしたグループの部分文字列の先頭からの文字位置
length	マッチしたグループの文字数
string	マッチしたグループの文字
name	グループに名前が指定されていたらその名前（なければ null）

基本はトップレベルのそれとおなじです。offset プロパティの値は入力文字の先頭からカウントされます。キャプチャには名前をつけることができ、その場合は、captures プロパティ固有の name プロパティにその名前が収容されます。これを「名前つきキャプチャ」（named capture）といい、上記の例では名前を与えていないので null です。

■ 6.2.7 match と名前つきキャプチャ

キャプチャに名前を与えるには、キャプチャの先頭に ?<name> を加えます。次に、最初のキャプチャには type を、続くキャプチャには sake を名前として付与したときの例を示します。

```
$ cat string01.json | \
  jq '.[] | match("\\[(?<type>\\w+酒)\\].+ (?<sake>\\w*純米\\w*)")'
{
  "offset": 0,
  "length": 16,
  "string": "[日本酒] 雨後の月 吟醸純米酒",
  "captures": [
    {
      "offset": 1,
      "length": 3,
      "string": "日本酒",
      "name": "type"                              # 最初のキャプチャの名称
    },
    {
```

```
              "offset": 11,
              "length": 5,
              "string": "吟醸純米酒",
              "name": "sake"                          # 次のキャプチャの名称
            }
          ]
      }
      {
        "offset": 0,
        "length": 13,
        "string": "[日本酒] 五橋 純米吟醸",
        "captures": [
          {
            "offset": 1,
            "length": 3,
            "string": "日本酒",
            "name": "type"
          },
          {
            "offset": 9,
            "length": 4,
            "string": "純米吟醸",
            "name": "sake"
          }
        ]
      }
```

キャプチャに名前をつけると、マッチ後の処理が簡単になります。たとえばマッチした文字列とその種別だけを表示するなら、次のように実行します。

```
$ cat string01.json | \
  jq -c '.[] | match("\\[(?<type>\\w+酒)\\].+ (?<sake>\\w*純米\\w*)") |
    .captures[]| [.string, .name]'
["日本酒","type"]
["吟醸純米酒","sake"]
["日本酒","type"]
["純米吟醸","sake"]
```

■ 6.2.8 capture

capture 関数は、match の名前つきキャプチャのバリエーションです。match がキャプチャに加えた名前を name プロパティに、マッチした文字列を string プロパティにそれぞれ収容するのに対し、capture は名前をプロパティ名、マッチ文字列をその値としたオブジェクトを返します。

次の例では、[] に囲まれた "white" があればこれをプロパティ x の値に、"classico" があれば y にそれぞれ代入します。また、大文字小文字を区別しないよう、i フラグも加えています。白ワインで Classico と書かれているのは 2 番目の文字列だけです。

```
$ cat string01.json | \
  jq '.[] | capture("\\[(?<x>white)\\].+(?<y>classico)"; "i")'
{
  "x": "White",
  "y": "Classico"
}
```

match で異なるのは、capture ではキャプチャ名が必須なところです。match は未指定なら name が null になるだけですが、capture では次のようにカラオブジェクトが返ってくるだけです。

```
$ cat string01.json | \
  jq '.[] | capture("\\[(white)\\].+(classico)"; "i")'    # 名前なし
{}
```

■ 6.2.9 scan

scan 関数も match のバリエーションです。match はマッチした部分文字列だけでなく、その位置や長さなどのメタデータも返しますが、scan はマッチした部分文字列だけを返します。

scan から、string01.json で " 酒 " を含んだ単語を抽出する例を次に示します。酒入りの単語はぜんぶで 5 つあります。

```
$ cat string01.json | jq '.[] | scan("\\w*酒\\w*")'      # \w*酒\w*が酒を含む単語
"日本酒"
"吟醸純米酒"
"日本酒"
"日本酒"
```

```
"日本酒"
```

　ついでですが、重複する文字列を削除するには、7.2 節で紹介する unique 関数を用います。配列用なので、作用させるまえに全体を配列化の [] でくくらなければなりません。

```
$ cat string01.json | jq '[.[] | scan("\\w*酒\\w*")] | unique'
[
  "吟醸純米酒",
  "日本酒"
]
```

　scan は出力を構造化せず、それぞれのマッチ文字列を五月雨式に出力します。たとえば、" 酒 " をターゲットに検索したとき、4 番目の "[日本酒] 雨後の月 吟醸純米酒 " には 2 か所ありますが、それらがおなじ入力から来たかどうかはわかりません。構造化は自力で行います。たとえば、フィルタの scan の部分を [] でくくることで、入力文字列単位で部分文字列を配列化します。

```
$ cat string01.json | jq -c '.[] | [scan("\\w*酒\\w*")]'
[]                                              # 白のBichotには"酒"はない
[]                                              # 赤のBichotにも"酒"はない
[]                                              # 白のPasquaにも"酒"はない
[]                                              # 赤のPasquaにも"酒"はない
["日本酒","吟醸純米酒"]
["日本酒"]
["日本酒"]
["日本酒"]
[]                                              # "🏆"にも"酒"はない
```

　ただし、単純に [] でくくっただけだと、マッチのないときはカラ配列が生成されて見にくくなります。カラ配列を取り除くには select 関数（10.1 節）を用います。

```
$ cat string01.json | jq -c '.[] | [scan("\\w*酒\\w*")] | select(length > 0)'
["日本酒","吟醸純米酒"]
["日本酒"]
["日本酒"]
["日本酒"]
```

select 関数は、length 関数（4.4 節）から配列の長さが 0 より大きいもののみ選択しています。
比較演算子は 9.1 節で説明します。

■ 6.2.10 splits

split 関数（6.1 節）には splits という正規表現版もあります。関数引数が固定文字列か正規
表現かと、名称末尾に s がついているかいないかだけの差で、機能にさほど違いはありません。た
だ、split が配列を返すのに対し、splits は個々の部分文字列を五月雨式に出力するという違いも
あります。

```
$ cat string01.json | jq '.[4] | splits(" ")'       # 正規表記版
"[日本酒]"
"雨後の月"
"吟醸純米酒"

$ cat string01.json | jq '.[4] | split(" ")'        # 固定文字版
[                                                   # 配列なので[]がある
  "[日本酒]",
  "雨後の月",
  "吟醸純米酒"
]
```

splits で配列を返すには、配列化の [] でくくります。

```
$ cat string01.json | jq '.[4] | [splits(" ")]'     # splitと等価
[
  "[日本酒]",
  "雨後の月",
  "吟醸純米酒"
]
```

次の例では [、]、スペース（␣）のいずれでもデリミタとして入力文字列を分割し、結果を配
列化して出力します。

```
$ cat string01.json | jq '.[4] | [splits("[\\[\\] ]+")]'
[
  "",
```

```
  "日本酒",
  "雨後の月",
  "吟醸純米酒"
]
```

　出力結果の 0 番目の要素が "" なところに注意してください。[] ⎵がデリミタなので、文字列先頭の "[" の前の存在しない文字列が最初に抽出されるからです。

■ 6.2.11　sub と gsub

　sub 関数は、第 1 引数で指定したパターンマッチ文字列にマッチする文字列を、第 2 引数で指定した文字列に置換します。オプションの第 3 引数にはフラグを指定できます。マッチしなければ、文字列は変更されないまま出力されます。次の例では、第 3 引数に大文字小文字非依存の i を指定することで、大文字小文字に関係なく、"Albert Bichot" を "Louis Jadot" に置き換えています。

```
$ cat string01.json | jq -r '.[] | sub("albert bichot"; "Louis Jadot"; "i")'
[White] Louis Jadot Chablis                     # マッチしたので置換
[Red] Louis Jadot nuit-saint-georges            # マッチしたので置換
[White] Pasqua Soave Classico
[Red] Pasqua Chanti classico
[日本酒] 雨後の月 吟醸純米酒
[日本酒] 雨後の月 斗瓶取り
[日本酒] 五橋 純米吟醸 西都の雫
[日本酒] 五橋 斗瓶取り
🍶
```

　sub が最初にマッチした部分文字列しか置換しないのに対し、gsub はマッチするすべての部分文字列を置き換えます（先頭の g は global）。つまり、gsub は第 3 引数に g を指定した sub と等価です。次の例では、これらふたつの関数を用いて、" 酒 " をすべて絵文字の "🍶"（おちょこととっくり）に置き換えています。

```
$ cat string01.json | jq -r '.[4] | gsub("酒"; "🍶")'
[日本🍶] 雨後の月 吟醸純米🍶

$ cat string01.json | jq -r '.[4] | sub("酒"; "🍶"; "g")'
[日本🍶] 雨後の月 吟醸純米🍶
```

sub/gsub でも名前つきキャプチャが使えます。このとき、第 1 引数の名前（たとえば ?<x>）
は、第 2 引数で .x で参照できます。ただし、即値ではないプロパティ名はカッコでくくるルール
（3.5 節）がここでは適用されるので、(.x) と記述します。さらに、() は正規表現のキャプチャで
もあるので、値参照であることを明示するためにエスケープして \(.x) と書かなければなりません
（ただし閉じカッコ側はエスケープしない）。次の例では、2 番目と 3 番目の要素の "Pasqua" に "
Vigneti e Cantine" を加えます。

```
$ cat string01.json | jq -r '.[2, 3] |
  sub("(?<x>Pasqua)"; "\(.x)" + " Vigneti e Cantine")'
[White] Pasqua Vigneti e Cantine Soave Classico
[Red] Pasqua Vigneti e Cantine Chanti classico
```

6.3 まとめ

本章では、文字列の操作方法をまとめて示しました。重要な点は次のとおりです。

- 文字列操作は Unicode 文字単位です。バイト単位な操作はバイト数を返す utf8bytelength 関
  数と、なぜかバイト位置を返す index/rindex/indices 関数くらいです。
- 文字列の四則演算は、+ が連結、* が繰り返しです。他は使えません。
- 文字列操作の関数には、次のものがあります：ltrimstr と rtrimstr 関数（左右の文字列を削
  除）、ascii_upcase と ascii_downcase 関数（アルファベットの大文字化小文字化）、そして
  split と join（文字列の分割と連結）です。
- もちろん、正規表現も使えます。パターンマッチ文字列の記法は perl のものとおなじですが、
  エスケープに癖があるところが注意点です。関数には次のものがあります：述語関数の test
  （マッチしたら真）、match と capture と scan（部分文字列の取得）、splits（正規表現版の
  split）、そして sub および gsub（置換）です。

第7章

配列操作

　配列操作の演算子および関数は、一部、ここまでで次表に示すものを説明しました（登場順）。

表 7.1 ●ここまでの配列操作演算子と関数

操作	演算子・関数	章節
配列の生成	[]	3.1 節
要素の抽出（スライス）	[n:m]	3.1 節
配列型だけ抽出	arrays	4.2 節
配列の連結	+	4.3 節
配列要素の削除	-	4.3 節
要素数のカウント	length	4.4 節
配列の連結	add	4.4 節
配列要素のソート	sort	4.4 節
最大値最小値	max、min	4.4 節
Unicode コード配列と文字列の相互変換	explode、implode	6.1 節
配列中の文字列の連結	join	6.1 節

　本章では、上記以外の配列操作を取り上げます。最初にインデックスベースの配列要素抽出（7.1節）を、続いて配列の配列を平板な 1 次元の配列に直すなどの配列の変形（7.2 節）を、そして最後にモダンなプログラミング言語ではおなじみの高階関数である map および reduce（7.3 節）を説明します。

本章のテスト用 JSON ファイルは次に示す array01.json です。3 つのプロパティを収容したオブジェクトで、それぞれふたつの配列を収容した配列、ふたつのプロパティを収容したオブジェクト、4 つの数値を収容した配列がセットされています。

```
# cat array01.json
{
  "set": [
    ["ひれかつ", "ロースかつ", "海老フライ", "ロースかつ鍋"],
    ["御飯", "定食"]
  ],
  "special": {
    "さざんか": ["ひれかつ", "ロース", "メンチかつ"],
    "さつき": ["ひれかつ", "ロース", "海老フライ"]
  },
  "price": [
    1250, 1150, 1450, 1.15E+3
  ]
}
```

7.1 要素の抽出

本節では、配列のなかに所定の要素があるかを確認する関数を取り上げます。

7.1.1 位置から抽出

指定の番号からの配列要素の抽出には [n]（1.2 節）を使いますが、関数からもできます。first は先頭要素を、last は末尾の要素を、nth は n 番目の要素をそれぞれ取得します。前者ふたつには関数引数はありませんが、nth では関数引数で数値を指定します。[n] 同様、負の値も指定できます。

次の例では set の 0 番目の要素（要素 4 つ）から先頭、末尾、2 番目の要素を抽出しています。

```
$ cat array01.json | jq -r '.set[0] | first, last, nth(2)'
ひれかつ                                    # 0番目（first）
ロースかつ鍋                                  # 3番目（last）
海老フライ                                    # 2番目（nth）
```

first と last への入力は、上記のようにパイプからだけでなく、関数引数からも指定できます。ただし、配列そのものではなくイテレータから指定します。たとえば、set プロパティの 0 番目の配列から最初の要素を抜き出すのなら、.set[0]（配列）ではなく、.set[0][]（配列のイテレータ）を指定します。

```
$ cat array01.json | jq -r 'first(.set[0][])'
ひれかつ

$ cat array01.json | jq -r 'last(.set[0][])'
ロースかつ鍋
```

■ 7.1.2 個数から抽出

スライス [n:m]（3.1 節）を使えば配列から所定の数だけ要素を抽出できますが、こちらにも類似の関数 limit があります。第 1 引数には先頭の個数を、第 2 引数には操作対象の配列のイテレータを指定します。次の例では .special." さざんか " プロパティに収容された 3 つの要素から、先頭ふたつを抽出しています。

```
$ cat array01.json | jq -r 'limit(2; .special."さざんか"[])'
ひれかつ
ロース
```

対照に、スライスを用いた方法も次に示します。出力結果からわかるように、limit が要素単位で出力するのに対し、スライスは配列を返します。

```
$ cat array01.json | jq -r '.special."さざんか"[:2]'
[
  "ひれかつ",
  "ロース"
]
```

■ 7.1.3　値から番号を抽出

　要素の値から、配列中のその位置を検索するには index、rindex、indices 関数を用います。6.1 節で文字列を対象にしたときと用法は変りません。

```
$ cat array01.json | jq -c '.price'                    # priceプロパティの中身
[1250,1150,1450,1150]

$ cat array01.json | jq -r '.price | index(1150)'      # 1150。先頭に近い位置
1

$ cat array01.json | jq -r '.price | rindex(1150)'     # 1150。末尾に近い位置
3

$ cat array01.json | jq -r '.price | indices(1150)'    # 複数を配列で報告
[
  1,
  3
]
```

■ 7.1.4　バイナリサーチ

　index とおなじ機能ですが、バイナリサーチアルゴリズムで検索をする bsearch 関数も用意されています。バイナリサーチ（binary search）はあらかじめソートしてある配列に対し、左端や右端からではなく、まずは中央から検索を開始し、検索する値がそれより右か左にあるかでどちらか半分を棄却することのできる高速な検索方法です。具体的には、index のように端からかたっぱしに検索する方法だと N 個の要素については最悪 N 回のチェックが必要になるのに対し、bsearch では $\log_2 N$ 回で済みます。次の例では、price プロパティを sort 関数でソートしてから bsearch で値 1250 の位置を検索しています。

```
$ cat array01.json | jq -c '.price | sort'             # ソート後の順序
[1150,1150,1250,1450]

$ cat array01.json | jq '.price | sort | bsearch(1250)'  # 1250の位置
2
```

ソート済みが前提なので、未ソートではあらぬ値になります。

```
$ cat array01.json | jq '.price | bsearch(1250)'          # 未ソート
-3
```

　理論的には高速なのですが、テストしてみたところ、それほど差はありません。次のテストでは、range 関数で 0 から 9999 までの数値の配列を生成し、端っこの 9999 を検索する操作を1,000 回繰り返しています。Unix の time コマンドから実行時間をチェックすると、差はほとんどありませんでした。

```
$ time for i in `seq 1 1000`; do
    jq -cn '[range(10000)] | index(9999)' > /dev/null
done
real    1m1.479s
user    0m36.188s
sys     0m19.453s

$ time for i in `seq 1 1000`; do
    jq -cn '[range(10000)] | bsearch(9999)' > /dev/null
done
real    1m3.357s
user    0m34.594s
sys     0m19.750s
```

　いずれにせよ、JSON ファイルに何千万もの値を収容した配列が出てくることはあまり考えられないので（機械的に生成したのなら別ですが）、無理して使い分けることもないでしょう。

7.2 配列の変形

本節では、配列そのものになんらかの操作を施し、新しい配列を生成する関数を取り上げます。

7.2.1 平板化

flatten 関数は、配列を要素として含む多重配列を展開して 1 次元の平板な配列に変換します。その位置で展開されるので、要素の登場順序は変わりません。次の例では、ふたつの配列を収容した set プロパティを平板化することで、6 つの要素からなる単一の配列を生成しています。

```
$ cat array01.json | jq -c '.set | flatten'
["ひれかつ","ロースかつ","海老フライ","ロースかつ鍋","御飯","定食"]
```

多重配列の階層が深くても展開してくれます。

```
$ jq -cn '[0, [1, [2, [3, [4, 5]]]]]| flatten'
[0,1,2,3,4,5]
```

7.2.2 重複の除外

unique 関数は重複した要素を取り除きます。次の例では、price プロパティの配列に unique 関数を適用しています。

```
$ cat array01.json | jq -c '.price | unique'
[1150,1250,1450]
```

値 1150 と 1.15E+3 は数値的にはおなじなので、一方が削除されました。また、もとの配列の登場順序は 1250、1150、1450、1150 でしたが、unique はその処理の過程で配列をソートするので、最小の 1150 が最初の要素となるところに注意してください。jq のソート順は 4.4 節で説明したとおりです。

なお、オブジェクト版の重複要素除外関数は unique_by です（8.1 節）。

■7.2.3 逆順

reverse 関数は配列の登場順序を逆順にします。

```
$ cat array01.json | jq -c '.set[0]'          # もとの順
["ひれかつ","ロースかつ","海老フライ","ロースかつ鍋"]

$ cat array01.json | jq -c '.set[0] | reverse'    # 逆順
["ロースかつ鍋","海老フライ","ロースかつ","ひれかつ"]
```

■7.2.4 削除

del 関数は、関数引数に指定したパスの要素を配列から削除します。次の例では、0 番目の要素（" ひれかつ "）を set の 0 番目の配列から削除しています。

```
$ cat array01.json | jq -c '.set[0] | del(.[0])'
["ロースかつ","海老フライ","ロースかつ鍋"]
```

del(0) のように番号単体を指定するのではなく、del(.[0]) なところに注意してください。パス指定なので [n, m] から複数を、あるいは [n:m] から一定範囲も指定できます。

```
$ cat array01.json | jq -c '.set[0] | del(.[0,2])'    # 0番目と2番目を削除
["ロースかつ","ロースかつ鍋"]

$ cat array01.json | jq -c '.set[0] | del(.[:2])'     # 0から1番目を削除
["海老フライ","ロースかつ鍋"]
```

オブジェクトのプロパティ削除にもおなじ del 関数を用います。これも 8.1 節で取り上げます。

■7.2.5 組みあわせ

combinations 関数は、その名が示すとおり、配列中の複数の配列の要素をそれぞれ組みあわせて新しい配列を生成します。

ふたつの配列を収容した set プロパティを例に取ります。.set[0] には 4 つの、.set[1] にはふ

たつの要素があります。combinations は、まず .set[0] の最初の要素（" ひれかつ "）と .set[1] のそれぞれの要素（" 御飯 " と " 定食 "）を組みあわせた 2 つの配列を作成します。つまり、[" ひれかつ ", " 御飯 "] と [" ひれかつ ", " 定食 "] です。続いて、.set[0] の次の要素と .set[1] を組みあわせます。結果は、4 要素と 2 要素の組みあわせなので、ふたつの要素を持つ配列が 8 つ生成されます。

```
$ cat array01.json | jq -c '.set | combinations'
["ひれかつ","御飯"]
["ひれかつ","定食"]
["ロースかつ","御飯"]
["ロースかつ","定食"]
["海老フライ","御飯"]
["海老フライ","定食"]
["ロースかつ鍋","御飯"]
["ロースかつ鍋","定食"]
```

入力が配列の配列（.set であり、.set[] ではない）なところに注意してください。
結果を join 関数（6.1 節）で連結すれば、新しいメニューを生成できます。

```
$ cat array01.json | jq -r '.set | combinations | join("")'
ひれかつ御飯
ひれかつ定食
ロースかつ御飯
ロースかつ定食
海老フライ御飯
海老フライ定食
ロースかつ鍋御飯
ロースかつ鍋定食
```

配列内にふたつの配列があれば、生成される配列の要素数は上記のように 2 です。3 つの配列なら、3 要素です。次の例では、[0, 1]、[2, 3]、[4, 5] を収容した配列を range 関数から準備し、その組みあわせを生成しています。生成される個々の配列の要素数は、もとが 3 配列なので 3 です。そして、それぞれ 2 要素なので 2 * 2 * 2 = 8 個の配列を生成します。

```
$ jq -nc '[[range(0;2)], [range(2;4)], [range(4;6)]]'    # 配列の生成
[[0,1],[2,3],[4,5]]
```

```
$ jq -nc '[[range(0;2)], [range(2;4)], [range(4;6)]] |    # その組みあわせ
  combinations'
[0,2,4]
[0,2,5]
[0,3,4]
[0,3,5]
[1,2,4]
[1,2,5]
[1,3,4]
[1,3,5]

$ jq -nc '[[range(0;2)], [range(2;4)], [range(4;6)]] |    # その数は8個
  [combinations] | length'
8
```

■ 7.2.6　転置

　配列の配列は 2 次元の行列とみなせます。たとえば、配列 [[1, 2, 3], [4, 5, 6]] は、内側の 1 次元配列を横方向（1 行目）とすれば、次の 2 行 3 列の行列とみなすことができます。

図 7.1 ● 2 行 3 列の行列 [[1, 2, 3], [4, 5, 6]]

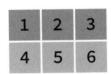

　行列なので転置もできます。転置は位置 [i, j] にある要素を [j, i] と入れ替える数学的な操作で、その結果、n 行 m 列の行列が m 行 n 列の行列となります。関数は transpose です。上記の行列を転置してみましょう。

```
$ jq -n '[ [1, 2, 3], [4, 5, 6] ]'               # もとの2行3列の行列
[
  [
    1,
    2,
    3
```

```
  ],
  [
    4,
    5,
    6
  ]
]

$ jq -n '[ [1, 2, 3], [4, 5, 6] ] | transpose'          # 転置後の3行2列の行列
[
  [
    1,
    4
  ],
  [
    2,
    5
  ],
  [
    3,
    6
  ]
]
```

行列らしく描くと次のようになっています。

図 7.2 ●転置後の 3 行 2 列の行列 [[1, 4], [2, 5], [3, 6]]

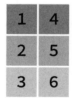

　行列は n × m の領域に要素がみっちり詰まっていることを想定しているので、要素がない個所は null で埋められます。たとえば、set プロパティは 2 行 4 列の行列とみなすことができますが、.set[1] には要素が 2 個しかないので、残りは null で埋められてから転置されます。つまり、[" 御飯 ", " 定食 ", null, null] として扱われます。

```
$ cat array01.json | jq -r '.set | transpose'
[
  [
    "ひれかつ",
    "御飯"
  ],
  [
    "ロースかつ",
    "定食"
  ],
  [
    "海老フライ",
    null                                        # set[1][2]がnull
  ],
  [
    "ロースかつ鍋",
    null                                        # set[1][3]もnull
  ]
]
```

JSONで行列計算をやることはまずないでしょうが、表の縦横の入れ替えには便利です。ためしに、第3章で使ったfilter01.mdの品目プロパティからネタの表を作成し、それを転置します。まずは、オリジナルのデータです。transposeが受けつけるのは配列の配列なので、全体を行列化の[]でくくります。

```
$ cat filter01.json | jq '[.[]."品目"]'
[
  [
    "こはだ",
    "とびっこ軍艦",
    "とろたく軍艦",
    "納豆巻"
  ],
  [
    "びんちょう",
    "〆さば",
    "あじ",
    "いわし"
  ],
```

```
    [
      "うなぎ",
      "あわび",
      "中トロ",
      "いくら軍艦"
    ]
]
```

　上記のデータを表として整然と並べて表示するには、次のような甘く怪しいテクニックを用います。

```
$ cat filter01.json | jq -r '.[]."品目" |        # 1．各皿の品目配列を取得
  [
    .[] |                                       # 2．各品目を処理
    . + "　" * 7 |                               # 3．末尾にスペースを加える
    .[:7]                                        # 4．7文字に切り詰める
  ] |                                           # 5．結果を配列化
  join("")'                                      # 6．連結
こはだ　　　　　とびっこ軍艦　とろたく軍艦　納豆巻
びんちょう　　　〆さば　　　　あじ　　　　　いわし
うなぎ　　　　　あわび　　　　中トロ　　　　いくら軍艦
```

1. この部分ははさきほどとおなじですが、全体を配列化の [] でくくっていません。行（皿）単位で処理するからです。
2. 行（品目の配列）のネタ要素を順に処理します。
3. 2 の文字列の末尾に全角スペース 7 個を加えます（ダブルクォートの間の文字は全角スペースひとつです）。これで、最も短い " あじ " は末尾をスペースで埋めた 9 文字の文字列になります。最も長い " とろたく軍艦 " は 13 文字です。
4. スライス .[:7] で 3 の文字列を 7 文字に切り詰めます。これで、どの文字列も末尾にスペースがかならずひとつはある 7 文字長の文字列になります。
5. 結果を配列化の [] でくくります。join を使うからです。
6. 最後に、join で連結して 1 行にします。

では、転置します。これで 4 行 3 列の行列となります。

```
$ cat filter01.json | jq '[.[]."品目"] | transpose'
[
  [
    "こはだ",
    "びんちょう",
    "うなぎ"
  ],
  [
    "とびっこ軍艦",
    "〆さば",
    "あわび"
  ],
  [
    "とろたく軍艦",
    "あじ",
    "中トロ"
  ],
  [
    "納豆巻",
    "いわし",
    "いくら軍艦"
  ]
]
```

さきほどとおなじフィルタから、表形式にします。

```
$ cat filter01.json | jq -r '[.[]."品目"] | transpose | .[] |
  [.[] | . + "　"*7 | .[:7] ] | join("")'
こはだ　　　びんちょう　うなぎ
とびっこ軍艦　〆さば　　　あわび
とろたく軍艦　あじ　　　　中トロ
納豆巻　　　いわし　　　いくら軍艦
```

列（縦）方向に各皿のネタが並びます。

7.3 シーケンス処理

最近のプログラミング言語には、配列（シーケンス）を一括して処理する関数が備わっています。機能的には配列のループですが、関数で定義した処理内容（ループならブロック部分）を引数に取ることができるという特徴をもっています（この特徴をもつ関数を「高階関数」といいます）。jq には本節で説明する map と reduce が用意されています。Python や JavaScript のものと基本はおなじです。

■ 7.3.1 map

map 関数は、入力配列の要素すべてに関数引数に指定した処理を施し、その結果を配列として返します。引数のなかでは、要素値はパス . から参照できます。例として、price プロパティの 4 つの数値すべてを 1.1 倍した配列を生成します。ループは map が内部で実行するので、.price にイテレータの [] を加えないところがポイントです。

```
$ cat array01.json | jq '.price | map(. * 1.1)'          # 消費税追加
[
  1375,
  1265,
  1595.0000000000002,
  1265
]
```

切り捨てが必要なら、関数引数のなかで乗算結果を floor 関数で処理するだけです。

```
$ cat array01.json | jq '.price | map(. * 1.1 | floor)'
[
  1375,
  1265,
  1595,
  1265
]
```

イテレータの [] と配列化の [] を使えばおなじ結果が得られますが、map のほうが読みやすいでしょう。

```
$ cat array01.json | jq '[.price[] | . * 1.1 | floor]'    # mapを使わない方法
[
  1375,
  1265,
  1595,
  1265
]
```

map のオブジェクト版は map_values 関数で、これは 8.1 節で説明します。

■ 7.3.2　reduce

　reduce は、入力配列をひとつずつ順に処理しながらまとめの値をひとつだけ出力する関数です。構造的には、add や max とおなじ配列ループですが、処理内容を自由に記述できるので、2 乗和なども求められます。書式は次のとおりです。

```
reduce ... as $identifier(初期化式; 更新式)
```

- **...**：配列のイテレータを指定します。たとえば .price[] です。.price（配列そのもの）ではなく、イテレータ指示の [] の加わっているところに注意してください。reduce はここで指定した配列の要素をループしながら順に処理します。
- **$identifier**：配列要素をループするとき、そのときどきの値を収容する変数です。たとえば、... のところが [1, 2, 3] のイテレータなら、$identifier に 1、2、3 が順に代入されます。変数名はなんでもよく、$x でも $foo でもかまいませんが、かならず $ から始まります。なお、$ から始まるラベルは jq の変数で、詳細は 10.3 節で説明します。
- **初期化式**：配列から総和や最大値を求めるとき、総和ならそこまでの和を、最大値ならそこまでの最大値を格納しておくメモリ領域が必要です。jq ではこの途中結果を収容する領域に . を用います。初期化式は配列要素をループする前に . をセットします。和なら 0 を、最大値なら極端に小さい値です。
- **更新式**：$identifier に収容された要素値とここまでの途中結果の . を用いて、新しい . を計算します。ループが終了すると、最終の . が出力されます。

　簡単な例から始めます。まずは、[1, 2, 3] の和（6）を求めます。

```
$ jq -n '[1, 2, 3] | reduce .[] as $x (0; . = . + $x)'
6
```

更新式 . = . + $x から、途中結果（.）に要素値（$x）を加えて . を更新しているところがわかります。もっとも、. を更新するのは自明なので、左辺と等号は省けます。次の例では、この略記法で array01.json の price プロパティにある 4 つの整数の平方根和を求めます。

```
$ cat array01.json  | \
  jq 'reduce .price[] as $x (0; . + ($x | sqrt))'
141.2575044198996
```

要素値 $x の平方根計算は他の操作と紛れないようにカッコでくくります。. + $x | sqrt と書くと、現在値に $x を加え、その結果の平方根を取ることになります。

参考までに、上記の平方根和処理をステップごとに追った様子を次に表で示します（小数点数は適当なところで四捨五入しています）。

表 7.2 ● reduce の処理順序

ループ回数	要素 $x（とその平方根）	更新式	更新後の .
初期化	なし	なし	0
0	1250（35.35）	0 + 35.35	35.35
1	1150（33.91）	35.35 + 33.91	69.26
2	1450（38.08）	69.26 + 38.08	107.34
3	1150（33.91）	107.34 + 33.91	141.25

一般的な for ループで書けば、次の処理と等価です。Python を用例にしているので、途中経過を格納する . は sum、要素値の変数 $x は x と記述しています。

```
>>> price = [1250, 1150, 1450, 1150]           # .price
>>> sum = 0                                      # .を0に初期化
>>> for x in price:                              # .priceの要素を$xに格納
...     sum = sum + math.sqrt(x)                 # . = . + ($x | sqrt)
...
>>> print(sum)                                   # .（を印字）
141.2575044198996
```

7.4 まとめ

本章では、配列の操作方法をまとめて示しました。重要な点は次のとおりです。

- 配列要素を位置から抽出する関数に first/last/nth(n)/limit がありますが、[n] やスライス [n:m] でおなじことができるので、無理して使うこともありません。
- 配列要素の番号を値から検索する index/rindex/indices もあります。
- 入力配列を変形して配列を返す関数には、flatten（平板化）、unique（重複要素の除去）、reverse（逆順）、del（要素の削除）があります。他にもありますが、あまり使わないでしょう。
- jq で利用できる配列処理関数（高階関数）は map と reduce です。

第8章

オブジェクト操作

オブジェクト操作の演算子および関数は、一部、ここまでで次表に示すものを説明しました（登場順）。

表 8.1 ●ここまでのオブジェクト操作演算子と関数

操作	演算子・関数	章節
オブジェクトの生成	{}	3.5 節
オブジェクト型だけ抽出	objects	4.2 節
エスケープされたオブジェクトの変換	fromjson、tojson	4.2 節
オブジェクトの加算	+	4.3 節
プロパティ数のカウント	length	4.4 節
オブジェクトの連結	add	4.4 節
プロパティのソート	sort_by	4.4 節
最大値最小値	max_by、min_by	4.4 節

本章では、上記以外のオブジェクト操作を取り上げます。最初に一般的な処理（8.1 節）、続いてプロパティ名と値の同時処理（8.2 節）、そして最後に . や .curry などのパスを表現するパス配列を用いた操作です（8.3 節）。

本章のテスト用 JSON ファイルは次に示す object01.json です。題材がオブジェクトなので、シンプルにオブジェクト 3 つを収容したオブジェクトひとつだけです。

```
$ cat object01.json
{
  "curry": {
    "name": "牛だく牛カレー",
    "price": 598,
    "energy": "774"
  },
  "焼肉": {
    "name": "牛焼肉定食",
    "price": 598,
    "energey": 785,
    "sides": ["rice", "salad", "miso soup"]
  },
  "bowl": {
    "name": "牛丼",
    "price": 352,
    "energy": 635
  }
}
```

8.1 オブジェクト操作

本節では、オブジェクトを操作する関数を取り上げます。

■ 8.1.1 キー抽出

keys 関数は入力オブジェクトからプロパティ名（キー）を収容した配列を返します。引数はありません。配列中のキーはソートされます。

```
$ cat object01.json | jq -c 'keys'               # トップレベルのキー
["bowl","curry","焼肉"]

$ cat object01.json | jq -c '.[] | keys'         # 次のレベルのキー
["energy","name","price"]                        # curryのキー
```

```
["energey","name","price","sides"]                # 焼肉のキー
["energy","name","price"]                         # bowlのキー
```

入力とおなじ順の配列が必要なら、keys_unsorted 関数を使います。

```
$ cat object01.json | jq -c 'keys_unsorted'       # ソートなし
["curry","焼肉","bowl"]
```

すべてのプロパティ名を取得するには、次の例のように再帰処理の .. (3.6 節) を用います。ただし、.. はオブジェクトツリー末端の値や配列も返すので、keys に作用させる前に objects 関数からオブジェクトだけを抜き出します。

```
$ cat object01.json | jq -c '.. | objects | keys'
["bowl","curry","焼肉"]
["energey","name","price","sides"]
["energy","name","price"]
["energy","name","price"]
```

それぞれのレベルにおけるプロパティ名の羅列ではなく、.curry.energy のようなパスが必要なら、8.3 節のパス配列関数を使います。

keys 関数は配列にも適用できますが、配列のキーである要素番号が返ってくるだけで、あまり有用とはいえません。次の例は、3 要素の配列からは 0 から 2 までの値を収容しただけの配列が返ってくるのを示しています。

```
$ jq -nc '["小盛", "並盛", "大盛"] | keys'
[0,1,2]
```

■ 8.1.2 削除

del 関数はオブジェクトからプロパティを削除します。配列で用いたものとおなじですが (7.2 節)、関数引数にはパスで記述したプロパティ名を指定します。

次の例では、トップレベルの焼肉プロパティを ."焼肉" から削除しています。

```
$ cat object01.json | jq 'del(."焼肉")'
{
  "curry": {
    "name": "牛だく牛カレー",
    "price": 598,
    "energy": "774"
  },
  "bowl": {
    "name": "牛丼",
    "price": 352,
    "energy": 635
  }
}
```

複数を同時に削除するには、パスを併記します。今度は、curry と焼肉の sides オブジェクトを削除します。

```
$ cat object01.json | jq 'del(.curry, ."焼肉".sides)'
{
  "焼肉": {
    "name": "牛焼肉定食",
    "price": 598,
    "energey": 785
  },
  "bowl": {
    "name": "牛丼",
    "price": 352,
    "energy": 635
  }
}
```

8.1.3　重複の除外

unique_by 関数は、オブジェクトから重複したプロパティを削除します。ただし、削除される重複はプロパティ名ではなく、値のほうです。オブジェクトには名前がおなじプロパティはもともと存在しません。

名前からわかるように、配列で用いた unique のバリエーションです（7.2 節）。用法もおなじ

で、対象はオブジェクトを収容した配列でなければなりません。そのため、object01.json のような単なるオブジェクトを作用させるとエラーです。例として、object01.json から、おなじ値段（price プロパティ）のメニューを削除します。" 牛だく牛カレー " が 598 円、" 牛焼肉定食 " が 598 円、" 牛丼 " が 352 円なので、削除されるのは最初のふたつのどちらかです。

```
$ cat object01.json | jq '[.[]] | unique_by(.price)'
[
  {
    "name": "牛だく牛カレー",
    "price": 598,
    "energy": "774"
  },
  {
    "name": "牛丼",
    "price": 352,
    "energy": 635
  }
]
```

　各トップレベル（"curry"、" 焼肉 "、"bowl"）のオブジェクト値を抽出し、配列化するところがポイントです。消去されたのは、あとに書かれた " 牛焼肉定食 " です。あとで記述されたほうが残るという通常の重複削除ルールにあわないのは、unique_by が削除に先行してソートしているからです。この挙動は配列用の unique とおなじです。

■ 8.1.4　シーケンス処理

　map_values 関数は、配列要素を一括処理する map 関数のオブジェクト版です。用法はおなじで、関数引数に指定した方法ですべてのプロパティ値を書き換えます。

　次の例では、並盛大盛特盛の価格を 1.1 倍しています。

```
$ jq -n '{"並盛": 352, "大盛": 522, "特盛": 642} |
  map_values(. * 1.10 | floor)'
{
  "並盛": 387,
  "大盛": 574,
  "特盛": 706
}
```

map_values はオブジェクトのすべてのプロパティを書き換えるので、異なるデータ型が混在したオブジェクトでは利用価値はあまりありません。たとえば、object01.json のデータは名称（文字列)、価格、カロリー量で構成されているので、これらを一気に 2 倍してもしょうがありません。

```
$ cat object01.json | jq '."bowl" | map_values(. * 2)'    # プロパティ値はなんでも2倍
{
  "name": "牛丼牛丼",                                       # 文字列を2倍したい?
  "price": 704,
  "energy": 1270
}
```

もちろん、関数引数の設定次第では選択的な操作ができます。たとえば、numbers をさきに指定することで数値だけを 2 倍できますが、それとても、値段とともにカロリー量も 2 倍したいかというと、目的次第でしょう。4.5 節で紹介した更新代入（|=）をピンポイントに使ったほうがおそらく適切です。

```
$ cat object01.json | jq '."bowl" | .price |= .price * 2'
{
  "name": "牛丼",
  "price": 704,
  "energy": 635                                            # 2倍したいのはここだけ
}
```

8.2 キーと値の同時処理

オブジェクトのパスからは値だけが抽出され、プロパティ名そのものは取得できません。

```
$ cat object01.json | jq '.bowl'                          # bowlの値だけが得られる
{
  "name": "牛丼",
  "price": 352,
  "energy": 635
}
```

プロパティ名とその値の両方を処理するには、本節で取り上げる 3 つの関数 to_entries、from_entries、with_entries を用います。

■ 8.2.1 to_entries

to_entries 関数はプロパティを名前と値に分け、それぞれ key と value というプロパティに収容して返します。オブジェクトには複数のプロパティが含まれているので、関数は複数のオブジェクトを含んだ配列を返します。関数引数はありません。

以下、この処理を「エントリー化」と呼びます。

まずは、シンプルなオブジェクト {"size":" 並盛 "} を to_entries で処理します。

```
$ jq -n '{"size":"並盛"} | to_entries'
[                                          # 配列を返す
  {                                        # プロパティ→オブジェクト変換
    "key": "size",                         # keyにはプロパティ名
    "value": "並盛"                        # valueにはプロパティ値
  }
]
```

プロパティをもうひとつ加えてためします。

```
$ jq -n '{"size":"並盛", "price":352} | to_entries'
[
  {                                        # ひとつめのプロパティ
    "key": "size",
    "value": "並盛"
  },
  {                                        # 2番目のプロパティ
    "key": "price",
    "value": 352
  }
]
```

object01.json の bowl プロパティをエントリー化するなら、次のようにします。

```
$ cat object01.json | jq 'to_entries[] | select(.key == "bowl")'
{
```

```
    "key": "bowl",
    "value": {
      "name": "牛丼",
      "price": 352,
      "energy": 635
    }
}
```

　フィルタの先頭で .bowl を指定すると、プロパティ名の情報が消えてしまいます。そこで、入力ファイルそのもの（.）を対象に、さきに to_entries を適用します。この結果は配列なので、イテレータの [] を続けます。ここで必要なのは、key プロパティの値が "bowl" のものだけなので、select という、条件に合致したオブジェクトだけを抽出する関数を使います。カッコのなかの引数で .key が "bowl" に一致しているかを確認しています。select については、10.1 節で詳細を説明するので、ここでは、この選択関数を使うことで "bowl" のオブジェクトを抽出できるとしてください。

　プロパティ名も含めてすべての情報を 1 行で印字するには次のようにします。

```
$ cat object01.json | jq -r 'to_entries[] |          # 1. エントリ化
  [                                                  # 2. join用の配列化
    .key + ":",                                      # 3. キーを出力
    (.value[] | tostring)                            # 4. 値のイテレーション
  ] | join(" ")'                                     # 5. 結果を連結
curry: 牛だく牛カレー 598 774
焼肉: 牛焼肉定食 598 785 ["rice","salad","miso soup"]
bowl: 牛丼 352 635
```

1. to_entries[] で入力をエントリ化しイテレーションします。
2. プロパティ名と値を収容した配列を作成します。
3. .key からプロパティ名を抽出します。読みやすいよう、末尾に ":" もつけます。
4. .value から値を抽出します。これはオブジェクトなので、[] でループします。
5. 2 の配列を連結して、1 行の文字列にします。

結果を表のように整理したいなら、7.2 節のテクニックを参照してください。

■ 8.2.2 to_entries と配列

to_entries は配列にも利用できます。このとき、key の値は要素番号です。

```
$ cat object01.json | jq '."焼肉".sides | to_entries'
[
  {
    "key": 0,
    "value": "rice"
  },
  {
    "key": 1,
    "value": "salad"
  },
  {
    "key": 2,
    "value": "miso soup"
  }
]
```

　この関数を用いれば、配列要素と要素番号をともに出力できます。key の値と value の値を 1 行に並列して出力するなら、これらを + 演算子で連結します。いつものパターンで配列化してから join 関数で連結してもかまいません。ただ、配列要素番号は数値なので、連結するまえに tostring 関数で文字列に変換するのを忘れずに。ここでは、可読性を考慮して、要素番号は "[]" でくくっています。

```
$ cat object01.json | jq -r '."焼肉".sides |
  to_entries[] |                             # エントリ化
  "[" + (.key | tostring) + "] " + .value'   # 番号と値を1文字列で印字
[0] rice
[1] salad
[2] miso soup
```

■ 8.2.3 from_entries

from_entries 関数は to_entries の反対で、[{"key":" プロパティ名 ", "value":" プロパティ値 "}] から {" プロパティ名 ":" プロパティ値 "} を生成します。from_entries への入力は配列でなければ なりません。

```
$ jq -n '[{"key":"size", "value":"並盛"}] | from_entries'
{
  "size": "並盛"
}
```

この関数は、プロパティ名の変更に使えます。次の例では、bowl にあるプロパティの "name" を "dish" に変更します。まずは、もとの bowl を確認します。

```
$ cat object01.json | jq '.bowl'
{
  "name": "牛丼",                          # ここの"name"を"dish"に変更
  "price": 352,
  "energy": 635
}
```

変更は次のとおりです。

```
$ cat object01.json | jq '.bowl |
  [                                        # 1. 配列化する
    to_entries[] |                         # 2. {key, value}に分解
    if .key == "name" then .key = "dish" else . end   # 3. nameならdishに
  ] |
  from_entries'                            # 4. 1の配列を投入
{
  "dish": "牛丼",
  "price": 352,
  "energy": 635
}
```

1. from_entries が受けつけられるよう、データを配列に構造化します。
2. to_entries[] から .bowl のオブジェクト値をループしながら、それぞれ {"key": " プロパティ

名 ", "value": " その値 "} に分解します。

3. .key が "name" なら、これを "dish" に変えます。if 文は他の言語のものと構造はおなじです（10.1 節で説明します）。key が "name" でないときの else の処理にある . は「なにもせずに入力をそのまま出力せよ」という意味です。

4. 1 でできた配列を from_entries に適用します。

■ 8.2.4　with_entries

with_entries 関数は、入力に to_entries を施し、その key や value を変更してから、from_entries でもとに戻します。つまり、上記のようにプロパティ名あるいはプロパティ値を変更するときに用います。次の例では、牛丼のプロパティすべてに "_new" を加えます。

```
$ cat object01.json | \
  jq '.bowl | with_entries(.key = .key + "_new")'
{
  "name_new": "牛丼",
  "price_new": 352,
  "energy_new": 635
}
```

値のほうを変更するのなら、.value を参照します。次の例では、すべての値に " 円 " を加えています。値段とカロリー量は数値なので、tostring から文字列に変換するのがポイントです。

```
$ cat object01.json | jq '.bowl | with_entries(.value =  # .valueの値に
  (.value | tostring | . + "円")                         # 文字列化してから"円"を加える
)'
{
  "name": "牛丼円",
  "price": "352円",
  "energy": "635円"
}
```

" 牛丼 " やカロリー量に " 円 " がつくのは変ですが、一気にすべてを処理するので仕方ありません。必要なら、さきほどのように if 文を用います。

プロパティ名も値もどちらも変更するには、ふたつの変更式をパイプでつなぎます。パイプはまえの計算結果を次に渡すメカニズムですが、この場合は連続した処理とみなされます。次の例で

は、key には "_new" を加え、value は 2 倍（文字列では 2 回繰り返し）しています。ここでは、4.5 節の算術更新代入（加算の += と乗算の *=）を使っています。

```
$ cat object01.json | jq '.bowl |              # key = key_new
  with_entries(.key += "_new" | .value *= 2)'   # value = value * 2
{
  "name_new": "牛丼牛丼",
  "price_new": 704,
  "energy_new": 1270
}
```

with_entries の中身は実は map（7.3 節）なので、関数引数には map が扱える引数ならなんでも指定できます。

8.3 パス配列

1.2 節で説明したように、パスは、オブジェクトの階層構造に沿ってプロパティ名を . で順に連結して構成されます。パスを指定することにより、現時点のトップレベルがどこにあろうと、その値を取得できます。たとえば、牛だく牛カレーの値段は .curry.price からアクセスできます。

```
$ cat object01.json | jq '.curry.price'
598
```

パスには配列を用いた記法もあります。たとえば、.curry.price なら ["curry", "price"] のように、ドットは含まず、0 番目から順にプロパティ文字列を列挙します。以下、この戻り値を「パス配列」と呼びます。本節では、このパス配列を操作する関数をいくつか紹介します。配列は順に並んだ数値をキーとしたオブジェクトとみなすことができるので、同様にパス配列で表現できます。しかし、やはり主たる操作対象はオブジェクトでしょう。

jq マニュアルでは、通常のドット表記のパスを path_expression、パス配列を PATH と表記しています。本書では通常のパスは単に「パス」と書いています（ただし区別が必要なところでは「ドット記法のパス」）。

■ 8.3.1 生成

path 関数は、ドット記法のパスをパス配列に変換します。たとえば、.curry を指定すればパス配列 ["curry"] が返ってきます。.curry.price なら ["curry", "price"] です。

```
$ cat object01.json | jq -c 'path(.curry)'
["curry"]

$ cat object01.json | jq -c 'path(.curry.price)'
["curry","price"]
```

存在しないパスが対象でも動作します。次の例では、object01.json にない " カルビ丼 " オブジェクトをパス配列化しています。エラーなしです。

```
$ cat object01.json | jq -c 'path(."カルビ丼")'       # 存在しないプロパティ
["カルビ丼"]
```

存在しなくても動作するのは、次に示す "." をデリミタに文字列を分解する単純な文字列操作と等価だからです。

```
$ jq -nc '".curry.price" |       # 文字列を入力
  split(".") |                   # "." で分解
  del(.[0])'                     # 先頭要素だけ削除
["curry","price"]
```

. を指定しても、ドットそのものにはプロパティはないのでカラのパス配列が返ってくるだけです。

```
$ cat object01.json | jq 'path(.)'       # ドットにはプロパティはない
[]
```

イテレータを指定すれば、複数のパス配列を取得できます。たとえば、.[].price を指定すれば、object01.json にある 3 つのオブジェクトのなかからそれぞれの price プロパティを指し示すパス配列を取得できます。

```
$ cat object01.json | jq -c 'path(.[].price)'          # すべてのpriceのパス配列
["curry","price"]
["焼肉","price"]
["bowl","price"]
```

path 関数の出力は構造化されていない独立した JSON テキスト（配列）の羅列なので、構造化は明示的に行います。

```
$ cat object01.json | jq -c '[path(.[].price)]'          # 構造化したければ配列化する
[["curry","price"],["焼肉","price"],["bowl","price"]]
```

イテレータをさらに繰り返せば、第 1 レベルと第 2 レベルのプロパティの組みあわせ、つまり第 2 レベルまでのすべての . からのパス配列が得られます。

```
$ cat object01.json | jq -c 'path(.[][])'
["curry","name"]
["curry","price"]
["curry","energy"]
["焼肉","name"]
["焼肉","price"]
["焼肉","energey"]
["焼肉","sides"]
["bowl","name"]
["bowl","price"]
["bowl","energy"]
```

関数引数では、パイプを介して結果をさらに処理できます。次の例では、プロパティ値が数値のものだけを抽出しています。

```
$ cat object01.json | jq -c 'path(.[][] | numbers)'
["curry","price"]
["焼肉","price"]
["焼肉","energey"]
["bowl","price"]
["bowl","energy"]
```

　入力が配列のときは、パスの指定が [n] になること以外、用法はおなじです。たとえば、焼肉の0番目のサイドメニューの ." 焼肉 ".sides[0] をパス配列で表現すると [" 焼肉 ","sides",0] となります。

```
$ cat object01.json | jq -c 'path(."焼肉".sides[0])'     # 0番目のサイドメニュー
["焼肉","sides",0]
```

　もちろんイテレータも使えます。次の例では、すべてのサイドメニューのパス配列を取得しています。

```
$ cat object01.json | jq -c 'path(."焼肉".sides[])'
["焼肉","sides",0]
["焼肉","sides",1]
["焼肉","sides",2]
```

8

■ 8.3.2　値の取得

　getpath 関数は、引数に指定したパス配列からその値を取得します。たとえば、["curry", "price"] を指定すれば、.curry.price を指定したのとおなじプロパティ値が取得できます。

```
$ cat object01.json | jq '.curry.energy'                # ドット記法パス
"774"

$ cat object01.json | jq 'getpath(["curry", "energy"])'  # パス配列
"774"
```

　関数引数に path 関数を指定することもできます。次の例では、第2レベルまでのパス配列を取得し、そのうち値が数値のもののみ取得しています。

```
$ cat object01.json | jq -r 'getpath(path(.[][] | numbers))'
598                                          # 牛だく牛カレーの値段
598                                          # 牛焼肉定食の値段
785                                          # 牛焼肉定食のカロリー量
352                                          # 牛丼の値段
635                                          # 行丼のカロリー量
```

牛だく牛カレーのカロリー量が出ていません。どうしてでしょうか（答えは本章末尾）。

■ 8.3.3 値のセット

ドット記法のパスからのプロパティ値の変更には更新変更（|=）を用いますが、パス配列を用いるときは setpath 関数を使います。第 1 引数にはパス配列を、第 2 変数には変更値をそれぞれ指定します。次の例では、ドット記法パスとパス配列を用いて焼肉を売り切れに変更しています。どちらも結果はおなじです。

```
$ cat object01.json | jq '."焼肉" |= "売り切れ"'          # ドット記法パスへの更新代入
{
  "curry": {
    "name": "牛だく牛カレー",
    "price": 598,
    "energy": "774"
  },
  "焼肉": "売り切れ",
  "bowl": {
    "name": "牛丼",
    "price": 352,
    "energy": 635
  }
}

$ cat object01.json | jq 'setpath(["焼肉"]; "売り切れ")' # パス配列とsetpathでの更新
{
  "curry": {
    "name": "牛だく牛カレー",
    "price": 598,
    "energy": "774"
  },
  "焼肉": "売り切れ",
  "bowl": {
    "name": "牛丼",
    "price": 352,
    "energy": 635
  }
}
```

■ 8.2.4　削除

　delpaths 関数は、ドット記法パスからプロパティを削除する del 関数のパス配列版です。関数名が s で終わる複数形であることからわかるように、この関数は複数のパス配列を受けつけます。そのため、たとえパス配列がひとつであっても、関数引数には配列（パス配列自体が配列なので配列の配列）を指定します。次の例では、焼肉のサイド（." 焼肉 ".sides）と丼物（.bowl）をパス配列指定で削除しています。

```
$ cat object01.json | \
  jq 'delpaths([["焼肉", "sides"], ["bowl"]])'          # パス配列からの削除
{
  "curry": {
    "name": "牛だく牛カレー",
    "price": 598,
    "energy": "774"
  },
  "焼肉": {
    "name": "牛焼肉定食",
    "price": 598,
    "energey": 785
  }
}

$ cat object01.json | jq 'del(."焼肉".sides, .bowl)'        # 通常のdelでもおなじ結果
{
  "curry": {
    "name": "牛だく牛カレー",
    "price": 598,
    "energy": "774"
  },
  "焼肉": {
    "name": "牛焼肉定食",
    "price": 598,
    "energey": 785
  }
}
```

8

8.4 まとめ

本章では、オブジェクトの操作方法をまとめて示しました。重要な点は次のとおりです。

● オブジェクトの操作関数はたくさんありますが、有用なのはそれほどありません。おなじタイプのデータが並んでいることの多い配列と異なり、オブジェクト内には性質やデータ型の異なるプロパティが混在しており、一気に関数で処理するのには向かないからです。たとえば、プロパティ値を一気に変換する map_values 関数は、めったに使うことがないでしょう。

● 使い勝手のある関数といえば、プロパティ名（キー）だけを抽出する keys、指定のプロパティを削除する del、そして、プロパティの名前と値を分離して構成したプロパティを返す to_entries でしょう。とくに to_entries は直接的には操作できないプロパティ名を扱えるので、それらの変更や表示に必須です。

● 階層構造になっているパスの表現方法は、.a.b.c のように通常のドットを連結した方法と、["a", "b", "c"] のように要素を配列で記述したパス配列方法の 2 通りがあります。後者の関数には path、getpath、setpath、delpaths があります。

8.3.2 節の答え：値が "774" と文字列だから。

第9章

比較演算子、論理演算子、述語関数

本章では比較演算子、論理演算子、そして述語関数を取り上げます。

9.1 節の比較演算子（comparison operator）は、==（等しい）や >（より大きい）など記号の左右の値を比較し、その条件が満たされるか否かで true または false を返すものです。たとえば、10 == 10 は true を返します。

9.2 節の論理演算子（logical operator）は、比較演算子の複数の結果を組みあわせる and と or です。たとえば、10 > 5 and "abc" != "cba" のように使います（前者も後者も true を返すので結果は true です）。真偽値を否定する not も利用できます。論理的な演算にはビット演算もありますが、これらは用意されていません。

9.3 節の述語関数（predicate function）は、入力が条件を満たしたときに true（真）を、それ以外は false（偽）を返す関数です。Boolean を返すので、ブール値関数（Boolean-valued function）ともいいます。true/false を返すという点では比較演算子と機能はおなじです。

比較演算も述語関数も true/false を返すだけなので、単体ではあまり有用ではありません。通常、得られた真偽値をもとに入力値を選択したり条件分岐をさせるために用います。jq にはこのためのメカニズムとして if 文や select 関数などが用意されていますが、説明は次章にまわします。このため、本章は入力に対して true/false しか出力しないおもしろみのないものとなっていますが、ご了承ください。

本章のテスト用 JSON ファイルは次に示す predicate01.json です。文字列、数値、配列、オブジェクトでの動作を確認するため、それぞれのデータ型を名前としたプロパティを収容しています。

```
$ cat predicate01.json
{
  "null": null,
  "boolean": true,
  "number": 810,
  "string": "さばの味噌煮定食",
  "array" : ["ご飯", "味噌汁", "割り干し大根"],
  "object": {"drink": "桜花吟醸酒"}
}
```

9.1 比較演算子

jq の比較演算子には次の表に示すものがあります。用法は他の言語とおなじで、左右の値が演算子の比較条件を満たせば true を、そうでなければ false を返します。

表 9.1 ●比較演算子

比較演算子	説明
==	等しい
!=	等しくない
>	より大きい
>=	以上
<=	以下
<	より小さい（未満）

■ 9.1.1 等値

== は左右の値が一致していれば true を返します。!= は反対に左右の値が一致していないときに true を返します。このとき、値だけでなくデータ型が等価かも問われます（厳密等価）。たとえば、次に示すように数値 810 は文字列 "810" とは一致しませんし、真偽値の true は文字列 "true" と異なります。

```
$ cat predicate01.json | jq '.number == "810"'        # 810 ≠ "810"
false
```

```
$ cat predicate01.json | jq '.boolean != "true"'        # true ≠ "true"
true
```

配列では要素の数、それらのデータ型や並び順まで一致していなければ等しくありません。

```
$ cat predicate01.json | \                              # 完全一致なので等しい
  jq '.array == ["ご飯", "味噌汁", "割り干し大根"]'
true

$ cat predicate01.json | \                              # 右側の要素が足りない
  jq '.array == ["ご飯", "味噌汁"]'
false

$ cat predicate01.json | \                              # 順番が異なるので一致しない
  jq '.array == ["割り干し大根", "ご飯", "味噌汁"]'
false
```

オブジェクトではプロパティ名やその値まで一致していなければ等しくありません。

```
$ cat predicate01.json | \                              # 完全一致
  jq '.object == {"drink": "桜花吟醸酒"}'
true

$ cat predicate01.json | \                              # プロパティ名が異なる
  jq '.object == {"sake": "桜花吟醸酒"}'
false

$ cat predicate01.json | \                              # プロパティ値が異なる
  jq '.object == {"drink": "大吟醸酒"}'
false
```

■ 9.1.2　大小関係

　> や <= など大小関係をチェックする比較演算子の比較順序は、4.4 節で説明した sort 関数の
ソート順とおなじです。つまり、おなじデータ型なら値の大小あるいは Unicode コード順です。
たとえば、"さばの味噌煮定食" の "さ" の UTF-8 コードは \u3055、"桜花吟醸酒" の "桜" は

\u685c なので、吟醸酒のほうが大きいと判断されます。

```
$ cat predicate01.json | jq '.object.drink > .string'      # 左が"桜"、右が"さ"
true
```

異なるデータ型が混在しているときは null > 真偽値 > 数値 > 文字列 > 配列 > オブジェクトの順です（4.4 節）。

```
$ cat predicate01.json | jq '.string > .array'        # 文字列 > 配列は偽
false

$ cat predicate01.json | jq '.null > .object'         # null > オブジェクトは偽
false

$ cat predicate01.json | jq '.number > .boolean'      # 数値 > 真偽値は真
true
```

9.2 論理演算子

jq の論理演算子には次の表に示すものがあります。こちらも、用法は他の言語とおなじです（&& などの記号ではなく、文字で表現するところは Python あるいは SQL 風です）。

表 9.2 ●論理演算子

論理演算子	説明
or	論理和（または）
and	論理積（かつ）
not	否定

■ 9.2.1 論理和と論理積

論理和（or）は左右の被演算子のどちらかの値が true のときに true を、どちらも false のときに false を返します。論理積（and）は左右のどちらも true のときに true を、それ以外のときは

false を返します。

```
$ jq -n 'true and true'                         # 左右どちらもtrueならtrue
true

$ jq -n 'true and false'                        # 左右どちらかがfalseならfalse
false

$ jq -n 'true or false'                         # 左右どちらかがtrueならtrue
true

$ jq -n 'false or false'                        # 左右どちらもfalseならfalse
false
```

　蛇足ですが、7.2節の combinations 関数を使えば、true/false の全組みあわせは次のように一気に確認できます。

```
$ jq -cn '[[true, false], [true, false]] | combinations |
  [.[0], .[1], .[0] and .[1]]'                  # []で入力と結果を1行表示
[true,true,true]
[true,false,false]
[false,true,false]
[false,false,false]
```

　比較演算子は true/false を返すので、論理演算子の左右に配置できます。次の例では、predicate01.json の数値と文字列をそれぞれ比較しています。なお、.string の文字列は " さばの味噌煮定食 " で、" 鯖 " でも " サバ " でもありませんから一致しません。

```
$ cat predicate01.json | \                      # true and false
  jq '.number == 810 and .string == "鯖の味噌煮定食"'
false

$ cat predicate01.json | \                      # true or false
  jq '.number == 810 or .string == "サバの味噌煮定食"'
true
```

　計算優先順位は比較演算がさきで論理演算があとですが、読みやすさを考慮して比較演算部分を

() でくくるのもよいでしょう。

```
$ cat predicate01.json | \                              # ()で演算優先順位を明示
  jq '(.number == 810) and (.string == "さばの味噌煮定食")'
true
```

■ 9.2.2 否定演算子

単項演算子の not は、引数を取らない関数のように動作します。つまり、not true のように記述はせず、true | not のように否定する対象をパイプから引き渡します。

```
$ cat predicate01.json | jq '.boolean | not'           # trueの否定はfalse
false

$ cat predicate01.json | jq '.number >= 1000 | not'    # falseの否定
true

$ cat predicate01.json | jq 'not .boolean'             # この記法ではエラー
jq: error (at <stdin>:8): Cannot index boolean with string "boolean"
```

真偽値を想定しているので、true/false 以外では思わぬ結果が得られます。null の否定が true なのを除いて、たいてい false です。次の例では、predicate01.json の全プロパティに not をかけています。

```
$ cat predicate01.json |  jq -c '.[] | [., not]'
[null,true]                                 # nullの否定だけはtrue
[true,false]                                # trueの否定はfalse（当然）
[810,false]                                 # 数値の否定はfalse
["さばの味噌煮定食",false]                    # 文字列の否定はfalse
[["ご飯","味噌汁","割り干し大根"],false]       # 配列の否定はfalse
[{"drink":"桜花吟醸酒"},false]               # オブジェクトの否定はfalse
```

数値が 0 や 1 であっても同様に false です。

```
$ jq -n '0, 1 | not'
false                                       # 0の否定
```

```
false                                            # 1の否定
```

■ 9.2.3 排他的論理和

排他的論理和（xor）演算子は用意されていないので、必要なら自分で記述します。いくつか方法がありますが、ここでは次の式を使います。

```
P xor Q = (P or Q) and !(P and Q)
```

ためしてみましょう。

```
$ jq -n '[true, false] | \                       # true xor false = true
  (.[0] or .[1]) and (.[0] and .[1] | not)'
true

$ jq -n '[false, false] | \                      # false xor false = false
  (.[0] or .[1]) and (.[0] and .[1] | not)'
false
```

何度か使いまわす必要があれば、10.4 節で説明する関数化も利用できます。

```
$ jq -n 'def xor(a;b): (a or b) and (a and b | not); xor(true;false)'
true
```

もっとも、jq は演算マシンではないので、こうした操作が必要になることはあまりないでしょう。

9.3 述語関数

述語関数は入力と関数引数を所定の方法で比較して true/false を返す関数です。その他の関数同様、入力はパイプ経由です。

述語関数には、次の表に示すように特定のデータ型でなければ利用できない型別のものとたいていのデータ型で用いることのできる汎用型があります。

表 9.3 ●述語関数

述語関数	データ型	true を返すとき
startswith	文字列	先頭部分文字列がマッチ
endswith	文字列	末尾部分文字列がマッチ
isinfinite	数値	値が無限大
isfinite	数値	値が有限
isnormal	数値	値が通常の値
isnan	数値	値が非数
all	配列	配列要素がすべて true のとき
any	配列	配列要素がひとつでも true のとき
has、in	汎用（配列、オブジェクト）	指定のキーが含まれる
contains、inside	汎用（文字列、配列、オブジェクト）	指定の文字列が含まれる

　本節では、これらを順に紹介していきます。なお、has と in、contains と inside のそれぞれの
ペアは入力と関数引数の関係が入れ替わった関数で、機能はおなじです。正規表現関数の test も
真偽値を返すので述語関数ですが、これについては 6.2 節で説明したとおりです。

■ 9.3.1 文字列用

　入力にも関数引数にも文字列だけを受けつける関数は startswith と endswith だけです。前者
は、入力文字列の先頭が関数引数の文字列と一致したときに true を、それ以外なら false を返し
ます。後者は、入力文字列の末尾が指定の文字列と一致したときに true を返します。
　まずは startswith です。次の例では、predicate01.json の string プロパティの文字列の先頭が
" さば " かをチェックしています。

```
$ cat predicate01.json | jq '.string | startswith("さば")'
true
```

　続いては endswith で、array プロパティの 3 つの値が " 汁 " で終わるかをループをかけてチェッ
クします。true/false だけが出力されてもよくわからないので、もとの入力値も併記します。

```
$ cat predicate01.json | \
  jq -r '.array[] | [., (. | endswith("汁"))] | join(" ... ")'
ご飯 ... false
味噌汁 ... true
割り干し大根 ... false
```

endswith にパイプを介して個々の配列要素（.）を引き渡すのはよいのですが、この . | endswith... の処理はカッコでくくることでひとまとまりになっていることを明示しなければなりません。さもないと次のように奇妙な結果になります。

```
$ cat predicate01.json | \
  jq -r '.array[] | [., . | endswith("汁")] | join(" ... ")'
false ... false
true ... true
false ... false
```

これは、. , . が endswith にそれぞれ個別に入力されたと判断されるからです（つまり、カンマのほうがパイプよりも優先順位が高い）。

入力あるいは関数引数が文字列でなければ、エラーが発生します。

```
$ cat predicate01.json | \                          # 入力が数値、引数が文字列
  jq '.number | startswith("8")'
jq: error (at <stdin>:8): startswith() requires string inputs

$ cat predicate01.json | \                          # 入力が文字列、引数が数値
  jq '.string | endswith(8)'
jq: error (at <stdin>:8): endswith() requires string inputs
```

■ 9.3.2 数値用

数値には、値が無限大か否か、有限か否か、非数（Not a Number）か否かを判定する isinfinite、isfinite、isnan 関数が用意されています。いずれも関数引数はなく、値をパイプから引き渡す形式です。

5.7 節で説明したように、無限大（infinite）は IEEE 754 の 64 ビット表現（binary64）では表現しきれないほど大きな数という意味で、具体的には 10^{308} より大きい値です。有限（finite）はその反対で記述可能範囲内の大きさです。

10^n の n を 306 から 311 まで変化させながら、それぞれの値が有限かを isfinite から、無限かを isinfinite からチェックします。10 のべき乗を生成するには数学関数の exp10（5.4 節）を使います。

```
$ jq -cn 'range(306;312) |                      # 10の306〜311乗を生成
  [., (exp10 | [isfinite, isinfinite])]'
[306,[true,false]]
[307,[true,false]]
[308,[true,false]]                              # ここまでは有限
[309,[false,true]]                              # ここから無限
[310,[false,true]]
[311,[false,true]]
```

　配列の左の要素が上記のフィルタの . で、range 関数から生成されるべき乗の値です。右の要素は配列になっていて、それぞれ isfinite と isinfinite が返す真偽値です。結果のとおり、10^{308} を境に有限側が偽に、無限側が真に変化しています。

　isnormal 関数は、入力が一般的な数値なら true を返します。一般的ではない数値は無限大や非数です。

```
$ jq -n 'nan | isnormal'                        # 非数は数値ではない
false

$ jq -n '10E+308 | isnormal'                    # 無限大も同様
false
```

　数値以外のもの、たとえば文字列などは数値ではないので false を返します。predicate01.json のそれぞれの値に isnormal を適用した結果を次に示します。

```
$ cat predicate01.json | jq -c '.[] | [. , isnormal]'
[null,false]
[true,false]
[810,true]                                      # trueは数値だけ
["さばの味噌煮定食",false]
[["ご飯","味噌汁","割り干し大根"],false]
[{"drink":"桜花吟醸酒"},false]
```

■ 9.3.3 配列用

　all と any は配列にしか利用できない述語関数です。all は要素がすべて true のときに true を返します。

```
$ jq -n '[true, true, true] | all'                  # すべてtrueならtrue
true

$ jq -n '[true, false, true] | all'                 # ひとつでもfalseならfalse
false
```

any はひとつでも true なら true を返します。false を返すのはすべての要素が false のときだけです。

```
$ jq -n '[true, false, true] | any'                 # ひとつでもtrueならtrue
true

$ jq -n '[false, false, false] | any'               # ぜんぶfalseならfalse
false
```

どちらの関数でも真偽値以外の要素は true 扱いになるので、あまり有用ではありません。

```
$ jq -n '[1, 2, 3] | all'                           # 数値の配列
true

$ jq -n '[1, 2, 3] | any'
true

$ jq -n '["a", "b", "c"] | any'                     # 文字列の配列
true

$ jq -n '["a", "b", "c"] | all'
true
```

普通の要素で構成されている配列を対象にするときは、述語関数や比較演算子を用いて真偽値だけの配列を生成します。次の例では、predicate01.json の array プロパティの 3 つの要素を endswith 関数から真偽値に変換してから all 関数に引き渡しています。

```
$ cat predicate01.json | \                          # 末尾が"汁"ならtrue
  jq -c '[.array[] | endswith("汁")]'
[false,true,false]
```

```
$ cat predicate01.json | \                      # allを介するとfalse
  jq '[.array[] | endswith("汁")] | all'
false

$ cat predicate01.json | \                      # anyならtrue
  jq '[.array[] | endswith("汁")] | any'
true
```

上記は map 関数（7.3 節）を利用すれば、やや見とおしよくできます。

```
$ cat predicate01.json | \
  jq '.array | map(endswith("汁")) | all'
false

$ cat predicate01.json | \
  jq '.array | map(endswith("汁")) | any'
true
```

実は、all も any も関数引数に述語関数や条件式を指定できます。配列が入力されるとその要素まわりで map のようにループし、それぞれを . に代入して関数引数から真偽値を生成し、それらをもとに配列を生成してから判定をします。

```
$ cat predicate01.json | jq '.array | all(endswith("汁"))'
false

$ cat predicate01.json | jq '.array | any(endswith("汁"))'
true
```

■9.3.4 汎用

　汎用の述語関数には has、in、contains、inside の 4 つがあります。前者ふたつは配列とオブジェクトに、後者ふたつは文字列、配列、オブジェクトに利用できます。has と in、contains/inside はそれぞれ機能的にペアになっていて、互いに入力と関数引数が入れ替わっています。つまり、x | has(y) と y | in(x) は等価です。

　has は関数引数に指定したプロパティ名が入力オブジェクトに含まれているときに true を返します。入力が配列のときは、関数引数に要素番号を指定します。

```
$ cat predicate01.json | jq '.object | has("drink")'    # objectにdrinkが含まれる
true

$ cat predicate01.json | jq '.object | has("sake")'     # objectにはsakeは含まれない
false

$ cat predicate01.json | jq '.array | has(2)'           # arrayに2番目の要素がある
true

$ cat predicate01.json | jq '.array | has(4)'           # arrayには4番目の要素はない
false
```

in は has の逆で、入力が示すプロパティ名が関数引数のオブジェクトに含まれていれば true を返します。

```
$ jq -n '"drink" | in({"drink":"桜花吟醸酒"})'
true
```

contains 関数は、入力に関数引数の文字列が含まれているときに true を返します。

入力が文字列のときは startswith や endswith と似たような動作をしますが、位置に無関係なところが特徴です。次の例では " さばの味噌煮定食 " に " 味噌 " が含まれるかをチェックしています。

```
$ cat predicate01.json | jq '.string | contains("味噌")'
true
```

入力が配列のときは、関数引数に配列を指定します。指定の値がひとつだけであっても、[値] のように 1 要素の配列にしなければなりません。次の例では、array プロパティに " 味噌 " を含む文字列があるかをチェックしています。" 味噌 " を [] でくくって [" 味噌 "] と書けば正常に動作しますが、" 味噌 " だけではエラーになります。

```
$ cat predicate01.json | \                              # ["味噌"]はOK
  jq '.array | contains(["味噌"])'
true

$ cat predicate01.json | \                              # "味噌"ではエラー
  jq '.array | contains("味噌")'
```

```
jq: error (at <stdin>:8):
  array (["ご飯","...) and string ("味噌") cannot have their containment checked
```

配列要素が複数のときは、すべてが含まれていなければなりません。

```
$ cat predicate01.json | \                      # "味噌"と"飯"が含まれている
  jq '.array | contains(["味噌", "飯"])'
true

$ cat predicate01.json | \                      # "五穀"は含まれていない。
  jq '.array | contains(["五穀", "飯"])'
false
```

入力がオブジェクトのときは、関数引数にオブジェクトを指定します。

```
$ cat predicate01.json | \
  jq '.object | contains({"drink": "桜花吟醸酒"})'
true
```

プロパティ値側は部分文字列でもあっていれば含まれていると判定されます。次の例では、"酒"が "桜花吟醸酒" の部分文字列かをチェックしています。

```
$ cat predicate01.json | \                      # drinkに"酒"は含まれる
  jq '.object | contains({"drink": "酒"})'
true

$ cat predicate01.json | \                      # "焼酎"は含まれていない
  jq '.object | contains({"drink": "焼酎"})'
false
```

contains の入力と関数引数の立場を入れ替えたのが inside です。

```
$ jq -n '{"drink": "酒"} | inside({"drink": "桜花吟醸酒"})'
true
```

in も inside も、関数引数側により大きなデータ（入力を外包するデータ）を指定するため、実

用的には変数を用いないとあまり使えません。方法は 10.3 節で改めて説明します。

9.4 まとめ

本章では比較演算子、論理演算子、述語関数という条件に応じて true または false を返すメカニズムを示しました。重要な点は次のとおりです。

- 比較演算子は一般的な言語のものとおなじで、演算子の左右に値を配置し、条件が満たされれば true を返します。
- 論理演算子は and や or のように文字で記述します（&& や || ではありません）。否定演算子の not は他の jq 関数のようにパイプ経由でのみ入力を受けつけるので、not X のようには使えません。
- 述語関数は、入力が関数引数に指定した条件を満たせば true を、満たさなければ false を返す関数です。それぞれ利用できるデータ型に制約があります。
- いずれも true/false を返すだけなので、第 10 章の制御構造と組みあわせて用いるのが通例です。

第10章

制御構造

　入力をパイプをとおしながら順次処理していくのが jq の基本なので、ほとんどのケースでフロー制御構造は必要ありません。しかし、7.3 節で見た reduce 関数のように変数が必要だったり、8.2 節のように if 文を使いたくなることもあります。本章では if 文などの条件分岐（10.1 節）、エラー処理（10.2 節）、変数（10.3 節）、関数定義（10.4 節）、そしてループ（10.5 節）を説明します。

　本章のテスト用 JSON ファイルは次に示す control01.json です。

```
$ cat control01.json
{
  "aLaCarte": ["蒲焼き", "白焼き", "きも焼き", "肝吸", "漬物盛り合わせ"],
  "bowl": [
    ["並小鰻", "吸物", "デザート"],
    ["大鰻", "吸物", "漬物", "茶碗蒸し"],
    ["特大鰻", "吸物", "漬物", "サラダ"]
  ],
  "drink": {
    "nonAlcohol": "サッポロ プレミアムフリー",
    "coldSake": "花の舞 超辛口 純米吟醸",
    "softDrink": "ウーロン茶",
    "whiteWine": null
  },
```

```
    "budgetPerHead": [6000, "Six thousand yen", 6000.1234567890123456],
    "language": "ja_JP.UTF-8"
}
```

10.1 条件分岐

処理の流れを条件に応じて処理 A か処理 B に切り替える動作を、条件分岐（conditional）といいます。jq には、一般的な if-then-else だけでなく、条件を満たす入力だけを選択的に出力する select 関数が用意されています。また、値が null のように有意でないときはデフォルト値に置き換える代替演算子 // もあります。

10.1.1 if 文

if 文は、指定の条件式が真か偽かで処理を切り替えるメカニズムです。書式は次のとおりです。

```
if 条件式 then 真のときの処理 else 偽のときの処理 end
```

if-then-else の末尾に、if 文の終端を明示的に示す end キーワードがあるところに注意してください。bash の if を閉じる fi とおなじ役割です。なければエラーになります。条件式には第 9 章で説明した比較演算子や述語関数を記述します。

ためしてみましょう。control01.json の aLaCarte プロパティから、文字列末尾が " 焼き " のものはそのまま、それ以外はその文字列に " は焼きものではない " を加えて出力します。

```
$ cat control01.json | jq -r '.aLaCarte[] |
  if endswith("焼き") then . else . + "は焼きものではない" end'
蒲焼き
白焼き
きも焼き
肝吸は焼きものではない
漬物盛り合わせは焼きものではない
```

if 文では、次のように構造に沿って整形したほうが読みやすいでしょう。

```
$ cat control01.json | jq -r '.aLaCarte[] |
  if endswith("焼き") then
    .                                          # 入力そのまま
  else
    . + "は焼きものではない"                      # 入力 + "は焼きものではない"
  end'
```

ifの条件式には、述語関数のendswith（9.3節）を用いています。ifに続くブロックには入力がそのまま引き渡されるので、endswithに引き渡された入力文字列とおなじものが.からアクセスできます。これで、条件式が真のときは末尾が"焼き"の文字列が出力されます。偽のときは、.に追加の文字列を加えています。

偽のときの処理が必要でなくても、elseとその際の処理の記述は必須です。elseを省くとエラーになります。なんの操作もないのなら、そこに操作なしの関数emptyを置きます。

---

if 条件式 then 真のときの処理 else empty end

さきほどの例で、焼き物以外は出力しないようにするには次のように書きます。

```
$ cat control01.json | jq -r '.aLaCarte[] |
  if endswith("焼き") then
    .
  else
    empty                                      # なにもしない
  end'
蒲焼き
白焼き
きも焼き
```

if-then-else-endのelseはさらにelifで続けられます。elifはelse ifの省略形です。

---

if 条件式1 then 条件式1が真のときの処理 elif 条件式2 then 条件式2が真のときの処理 else
それ以外 end

例を示します。最初のifでは、末尾が"焼き"なら入力文字列の先頭に"焼き物:"を加えて印字します。そうでなければelifで受けて、先頭が"漬物"なら"漬物"を"おしんこ"に置換しま

す（" おしんこ " と入力の最初の 2 文字を省いた文字列を連結することで形成）。それ以外は " その他 " と表示します。

```
$ cat control01.json | jq -r '.aLaCarte[] |
  if endswith("焼き") then
    "焼き物:" + .
  elif startswith("漬物") then
    "おしんこ" + .[2:]                              # "おしんこ"と入力の2文字以降
  else
    "その他"
  end'
焼き物:蒲焼き
焼き物:白焼き
焼き物:きも焼き
その他
おしんこ盛り合わせ
```

■ 10.1.2 select

select は、条件が真のときのみ、入力をそのまま出力する関数です。関数引数には真偽値を返す比較演算子や述語関数を指定します。パイプ経由で渡される入力は、そのまま述語関数に引き渡されます。

さきほどの endswith の例で、" 焼き " で終わる文字列だけを抽出するには、次のようにします。

```
$ cat control01.json | jq -r '.aLaCarte[] |
  select(endswith("焼き"))'
蒲焼き
白焼き
きも焼き
```

関数引数では、パイプを使った複雑なフィルタを構成してもかまいません。8.2 節の to_entries の用例では、select を用いてキーが "bowl" のプロパティだけを抽出しました。ここでは、drink プロパティのキーが大文字小文字にかかわらず "nonalcohol" のプロパティを抽出します。

```
$ cat control01.json | jq -c '.drink |
  to_entries[] |                                  # 1. drinkをエントリー化
```

```
  select(                                    # 2．エントリーが入力される
    (.key | ascii_downcase) ==               # 3．キーを小文字化
      "nonalcohol"                           # 4．2と比較
  )'
{"key":"nonAlcohol","value":"サッポロ プレミアムフリー"}
```

1. to_entries 関数は、.drink にある 4 つのオブジェクトをそれぞれ {"key": プロパティ名, "value": その値 } というオブジェクトに変換します。
2. これらのオブジェクトは、そのまま select 関数の引数に引き渡されます。
3. .key からプロパティ値だけを抽出し、ascii_downcase 関数で小文字に変換します。
4. 3 の結果を "nonalcohol" と比較します。select はこれが真のオブジェクトだけを抽出します。

drink プロパティの値とおなじ形式に戻すのなら、得られたオブジェクトのデータから {} でオブジェクト化します。3.5 節で述べたように、プロパティ名側で値を参照するときは () でくくらなければなりません。

```
$ cat control01.json | jq -c '.drink | to_entries[]
  select((.key | ascii_downcase) == "nonalcohol") |
  {(.key):.value}'                           # .keyはカッコでくくる
{"nonAlcohol":"サッポロ プレミアムフリー"}
```

もちろん、8.2 節で紹介した from_entries 関数も便利です（入力を配列化するのを忘れずに）。

```
$ cat control01.json | jq -c '.drink |
  [                                          # from_entries用の配列化
    to_entries[] |
    select((.key | ascii_downcase) == "nonalcohol")
  ] | from_entries'
{"nonAlcohol":"サッポロ プレミアムフリー"}
```

■ 10.1.3　代替演算子

　値が null のように有意な情報を示していないときのためにデフォルト値を用意しておくのは、プログラミングではよくあります。値が null ならばデフォルトで " きも焼き " で代替するのを if-then-else-end で書けば次のようになります。

```
$ jq -n 'null |                                  # nullなら"きも焼き"
  if . != null then . else "きも焼き" end'
"きも焼き""

$ jq -n '"かぶと焼き" |                            # nullでないのでそのまま
  if . != null then . else "きも焼き" end'
"かぶと焼き""
```

これとおなじことは代替演算子（alternative operator）で簡潔に書けます。代替演算子 // は入力が null または false でなければ演算子の左側の値を、そうでなければ右側の値を出力します。

```
$ jq -n 'null | . // "きも焼き"'                   # nullなので右側
"きも焼き"

$ jq -n '"かぶと焼き" | . // "きも焼き"'             # nullでないのでそのまま
"かぶと焼き"
```

記号が異なるだけで、JavaScript の x = a || b; とおなじ要領です。

control01.json の drink には値が null の whiteWine プロパティが用意してあるので、ここからもためしてみましょう。

```
$ cat predicate01.json |\
  jq '.drink.whiteWine // "現在在庫切れです"'        # .drink.whiteWineはnull
"現在在庫切れです"
```

drink のすべてのプロパティでためしてみましょう。最初の 3 つは null でも false でもないのでそのまま出力されます。

```
$ cat control01.json | jq '.drink[] | . // "現在在庫切れ"'
"サッポロ プレミアムフリー"                           # nullでないのでそのまま
"花の舞 超辛口 純米吟醸"                              # nullでないのでそのまま
"ウーロン茶"                                         # nullでないのでそのまま
"現在在庫切れ"                                       # nullなので"現在在庫切れ"
```

10.2 エラー処理

フィルタ処理に問題が生じると、jq はその場でエラーを発生させ、処理を中断します。たとえば、ループのできない値にイテレータ [] を作用させる、あるいは文字列処理にしか利用できない関数にそれ以外のデータ型を入力するなどのケースです。2.3 節で説明したように、実行が途中で停止したときは、シェルに終了コード 5 が返されます。

次の例では、4.74、" 枝豆盛り "、6.51 に対して数値しか受けつけない floor 関数を作用した結果です。最初の 4.74 は処理されますが、文字列である次の値でエラーが発生します。jq の処理は逐次的なので、続く 6.51 は処理されません。

```
$ jq -n '4.74, "枝豆盛り", 6.51 | floor'
4                                            # 4.74は処理される
jq: error (at <unknown>): string ("枝豆盛り") number required
                                             # 処理は6.51に至らない
$ echo $?                                    # 終了コードは5
5
```

エラーメッセージにある (at <unknown>) は入力元を示します。--null-option コマンドオプションから入力を用意したときは、上記のように unknown が示されます。本書の多くの例のように標準入力から入力されたときは (at <stdin>) です。jq コマンドラインの末尾にファイル名を指定したときは、そのファイル名です。

10

10.2.1 try-catch

try-catch 文を用いれば、発生したエラーをトラップすることで処理を続行できます。書式は次のとおりです。

```
try ためす処理 catch エラー時の処理
```

例として、budgetPerHead の要素に消費税分の 1.10 を乗じたうえで、小数点以下を四捨五入する処理を try でためします。1.10 倍は文字列でも問題ありませんが、四捨五入の round 関数（5.2節）は数値しか受けつけないので、文字列値がエラーを発生させます。このエラーはトラップされ、catch で後処理されます。ここでは、" 文字は無視します " と出力させて処理を続行します。

```
$ cat control01.json | jq '.budgetPerHead[] |
  try (. * 1.10 | round) catch "文字は無視します"'
6600                                              # try側の処理（成功）
"文字は無視します"                                  # catch側の処理（失敗）
6600                                              # try側の処理（成功）
```

try および catch の処理に優先順位がからんでくるなら、ブロックを示すように上記のようにカッコでくくります。

単純にエラーを無視して処理を続行させるのなら、if-then-else-end とおなじ要領で empty を用います。

```
$ cat control01.json |  jq '.budgetPerHead[] |           # エラーはスルー
  try (. * 1.10 | round) catch empty'
6600
6600
```

■ 10.2.2　エラー抑制演算子

エラーを無視するだけなら、3.4 節で紹介した？が try-catch empty のショートカットとして使えます。

```
$ cat control01.json |  jq '.budgetPerHead[] |  . * 1.10 | round?'
6600
6600
```

■ 10.2.3　強制終了

halt 関数は処理を強制的に終了させます。この関数はなにも出力せず、終了コードは状況によらず 0 です。

```
$ cat control01.json | jq '.[] | halt'                   # なにも出力せずに終了

$ echo $?                                                # 終了コードは成功時とおなじ0
0
```

　実用的には、特定の値を検出したら強制終了するときに用います。次の例では、if-then-else-end を用いて bowl プロパティの配列のなかに " 茶碗蒸し " があったら強制終了します（茶碗蒸しに含むところがあるわけではありません）。3 つある配列のうち、最初のものは " 茶碗蒸し " を含まないので出力されますが、次のものには含まれているので、そこで強制終了されます。

```
$ cat control01.json | jq -c '.bowl[] |
  if contains(["茶碗蒸し"]) then        # "茶碗蒸し"が出たら終了
    halt
  else                                  # それ以外は出力
    .
  end'
["並小鰻","吸物","デザート"]
```

　同機能の halt_error 関数は、強制終了時点に処理中だった入力（.）を表示させます。また、終了コードが 5 となります。

```
$ cat control01.json | jq -c '.bowl[] |
  if contains(["茶碗蒸し"]) then
    halt_error
  else
    .
  end'
["並小鰻","吸物","デザート"]              # else側の処理
["大鰻","吸物","漬物","茶碗蒸し"]         # エラー発生行

$ echo $?
5
```

　（書籍の）モノクロ印刷ではわかりませんが、" 並小鰻 " のある 1 行目は通常の出力なので色つきで（1.3 節）、エラーの " 大鰻 " の 2 行目はモノクロでそれぞれ印字されるので、コンソール上では区別がつきます。
　halt_error ではオプションの関数引数から終了コードも変更できます。

```
$ cat control01.json | jq '.[] | halt_error(128)'   # 終了コードに128を指定
["蒲焼き","白焼き","きも焼き","肝吸","漬物盛り合わせ"]

$ echo $?                                            # デフォルトの5が128になる
128
```

■ 10.2.4 強制エラー

error 関数はエラーを発生させます。try-catch でエラー処理をしていなければ、当然、ここで処理は中断されます。

```
$ cat control01.json | jq '.[] | error'
jq: error (at <stdin>:15) (not a string):
  ["蒲焼き","白焼き","きも焼き","肝吸","漬物盛り合わせ"]
```

出力されるエラーメッセージは、その時点で処理されていた値です。上記では、イテレータ [ ]が最初に処理していたのが aLaCarte プロパティなので、その値が出力されています。オプションで、関数引数から任意のメッセージを指定できます。

```
$ cat control01.json | jq '.[] | error("エラー")'
jq: error (at <stdin>:15): エラー
```

10.3 変数

jq でも変数が利用できます。ただ、jq マニュアルが述べているように、たいていのことは変数を介さずとも達成できます。たとえば、配列の平均値の計算には、普通のプログラミングの類推から累計と総数を収容する変数が必要だと思いがちですが、配列要素の総和と総数を求める add とlength 関数（4.4 節）だけで算出できます。

```
$ jq -n '[range(1;11)] | add/length'          # 1から10の平均値
5.5
```

しかし、reduce 関数（7.3 節）のように変数が入用なシーンもあります。本節では変数の定義と環境変数の参照を説明します。

■ 10.3.1 変数定義

変数定義の書式は次のとおりです。

```
... as $identifier |
```

...の部分に代入したい値を記述します。たとえば、入力全体なら.を指定します。データ型は問いません。$identifierの部分が変数名で、かならず$から始まります（Bash風です）。

変数定義の末尾にはパイプ（|）記号を置きます。おなじ記号であっても、ここで行われた操作の結果が次のフィルタに引き渡されるわけではありません。変数定義そのものは、フィルタにあっても入力に影響を与えません。次の例は、最初に.で受けた入力を（あたかも）次段の変数定義に引き渡し、その変数定義の結果を.から出力せよと読めますが、変数定義は無操作なので、. | .（すなわち.）と等価であることを示しています。

```
$ cat control01.json | jq '. | .drink as $drink | .'    # .と.の間に変数定義がある
{                                                        # 出力は.|.と変わらない
  "aLaCarte": [
    "蒲焼き",
    "白焼き",
    "きも焼き",
    ...
}
```

変数は$込みでそのまま参照します。次の例では、aLaCarteプロパティの1番目の要素（"白焼き"）を変数$unagiに代入してから、その値を出力しています。

```
$ cat control01.json | \                              # 1番目の要素を$unagiに代入
  jq '.aLaCarte[1] as $unagi | $unagi'
"白焼き"
```

変数定義はフィルタリング操作ではないため、それだけでは利用できません。単体では操作のないフィルタと解釈され、エラーになります。

```
$ cat control01.json | jq '.aLaCarte[1] as $unagi | '
jq: error: syntax error, unexpected $end (Unix shell quoting issues?)
```

```
   at <top-level>, line 1:
.aLaCarte[1] as $unagi |
jq: 1 compile error
```

■ 10.3.2 コマンドラインからの変数設定

　未定義の変数を参照するとエラーが発生します。終了コードはコンパイルエラーの 3 です。次の例では未定義の $undefined を参照しています。

```
$ jq -n '$undefined'                           # 未定義の変数
jq: error: $undefined is not defined at <top-level>, line 1:
$undefined
jq: 1 compile error

$ echo $?                                       # 終了コードは3
3
```

　変数は、コマンドラインオプション --arg からも定義できます。このオプションはふたつの引数を取り、ひとつめが先頭の $ を除いた変数名、ふたつめがその値です。次の例では、変数 $defined を文字列 " 定義済み " と定義し、その値を出力しています。

```
$ jq --arg defined "定義済み" -n '$defined'
"定義済み"
```

　変数を複数定義するときは --arg を重ねて用います（--args という複数指定のオプションもありますが説明は割愛）。

```
$ jq --arg foo 1 --arg bar 2 -n '$foo, $bar'
"1"
"2"
```

　出力値がダブルクォートでくくられていることからわかるように、コマンドオプションから定義した変数値は文字列と解釈されます。これは値が真偽値でも配列でもおなじです。次の例では、null、真偽値、数値、配列、オブジェクトの値をシェルの for ループを使って順次 jq の変数に定義し、その型を type 関数からチェックしています。

```
$ for arg in null true 3.14 '"白焼き"' '["白丼","白重"]' '{"forKids":"ミニ丼"}'
do
  echo -n "$arg ... "
  jq -n --arg var $arg '$var | type'
done
null ... "string"
true ... "string"
3.14 ... "string"
"白焼き" ... "string"
["白丼","白重"] ... "string"
{"forKids":"ミニ丼"} ... "string"
```

　配列やオブジェクトのカンマやコロンの間にスペースを入れると、シェルがそのスペースを区切りに別の要素と判断するため、スペースなしで記述しなければなりません（あくまでシェルの都合でjqの制約ではありません）。

　記述形式からデータ型を推定して読み込ませるには、--argjson を代わりに用います。用法はおなじです。上記とおなじ要領でデータ型をチェックします。

```
$ for arg in null true 3.14 '"白焼き"' '["白丼","白重"]' '{"forKids":"ミニ丼"}'
do
  echo -n "$arg ... "
  jq -n --argjson var $arg '$var | type'          # 型を推定
done
null ... "null"
true ... "boolean"
3.14 ... "number"
"白焼き" ... "string"
["白丼","白重"] ... "array"
{"forKids":"ミニ丼"} ... "object"
```

■ 10.3.3　ファイルを変数に代入

　--rawfile あるいは --slurpfile コマンドオプションから、ファイルの中身を変数に代入できます。前者は読み込んだ JSON テキストをエスケープされた JSON データとして変数に格納します。後者は --slurp コマンドオプション（2.1 節）同様、入力された複数の JSON テキストを [] で配列化します。

まず --rawfile です。引数は変数名とファイル名です。ここでは control01.json を読み込み、変数 var に代入します。--rawfile から読み込まれたデータは jq への入力ではないので、ここでは --null-input でそのまま出力します。

```
$ jq --rawfile var control01.json -n '$var'
"{\r\n  \"aLaCarte\": [\"蒲焼き\", \"白焼き\", \"きも焼き\", \"肝吸\", ...
```

出力から、全体がひとつの文字列で構成されていることがわかります。改行はリテラルの \r\n で表現され、ダブルクォートは \" とエスケープされます。通常の JSON テキストに戻すのなら、fromjson 関数（4.2 節）を用います。

```
$ jq --rawfile var control01.json -n '$var | fromjson'
{
  "aLaCarte": [
    "蒲焼き",
    "白焼き",
    "きも焼き",
    "肝吸",
    "漬物盛り合わせ"
    ...
```

続いて --slurpfile です。用法はおなじです。control01.txt に収容されているのは（構造化された）JSON テキストがひとつだけなので、配列化のあとの配列には要素はひとつだけです。

```
$ jq --slurpfile var control01.json -n '$var'
[                                          # 配列化の[
  {
    "aLaCarte": [
      "蒲焼き",
      "白焼き",
      "きも焼き",
      "肝吸",
      "漬物盛り合わせ"
    ],
```

--rawfile あるいは --slurpfile で読み込んだデータは入力とは別に扱われるので、複数のファイルを構造に関係なく相互参照できます。次の例では、第 3 章で用いた回転鮨メニューの filter01.

md の赤皿の品名を本章の control01.json の一品料理（aLaCarte）と入れ替えています。

```
$ cat filter01.json | jq --rawfile var control01.json \    # 1. 読み込み
  '($var | fromjson | .aLaCarte) as $unagi |               # 2. 変数利用
   ."赤皿"."品目" |= $unagi'                                  # 3. 置き換え
{
  "赤皿": {
    "品目": [                                               # 赤皿の品目が鰻に...
      "蒲焼き",
      "白焼き",
      "きも焼き",
      "肝吸",
      "漬物盛り合わせ"
    ],
    "価格": 130
  },
  "青皿": {
    "品目": [
      "びんちょう",
      ...
```

1. 標準入力から回転鮨の filter01.json を、--rawfile コマンドオプションから鰻の control01.json をそれぞれ入力します。後者は変数 $var に収容されます。

2. $var（鰻メニュー）はまず fromjson で JSON テキストに直します。そして、.aLaCarte から一品料理 5 点を収容した配列を取得します。そして、これを ... as $identifier から変数 $unagi に代入します。変数代入操作は入力には影響しません。

3. ."赤皿"."品目" は入力から得られる赤皿のメニューです。ここに 2 で得た鰻料理配列を代入します。

鰻が安すぎだと思われたなら、価格変更のフィルタも加えてください。

```
$ cat filter01.json | jq --rawfile var control01.json \
  '($var | fromjson | .aLaCarte) as $unagi |
   ."赤皿"."品目" |= $unagi |
   ."赤皿"."価格" = 2000'
```

10

■ 10.3.4　変数を用いた in と inside

9.3 節で、配列やオブジェクトの内包関係をチェックする関数、has/in と contains/inside を説明しました。それぞれのペアは互いに入力と関数引数の関係が逆という以外、機能はおなじです。A が B に含まれる（A ∈ B）とき、次の処理はすべて真を返します。

- B | has(A)
- A | in(B)
- B | contains(A)
- A | inside(B)

普通、入力の中に指定の値があるかをチェックすることはあっても（has/contains）、入力がより大きな集合の部分集合になっているかをチェックすることはあまりありません（in/inside）。だいたい、関数引数に大きなオブジェクトを記述するのは実用的ではありません。しかし、変数を使えば、別ファイルに収容された大きなオブジェクトも比較できます。次の例では、control01.json の drink オブジェクトを変数 $drink に代入したうえで、入力がそこに含まれるかを in/inside から確認しています。

```
$ cat control01.json | jq '.drink as $drink |
  "nonAlcohol" | in($drink)'
true

$ cat control01.json | jq '.drink as $drink |
  {"whiteWine":null} | inside($drink)'
true
```

■ 10.3.5　環境変数

シェルの環境変数は、あらかじめ用意された変数 $ENV からアクセスできます。形式は環境変数名をプロパティ名としたオブジェクトです。

```
$ jq -n '$ENV'
{
  "SHELL": "/bin/bash",
  "WSL_DISTRO_NAME": "Ubuntu-20.04",
```

```
  "NAME": "chambertin",
  ...
```

おなじことは env 関数からでもできます。

```
$ jq -n 'env'
{
  "SHELL": "/bin/bash",
  "WSL_DISTRO_NAME": "Ubuntu-20.04",
  "NAME": "chambertin",
  ...
```

オブジェクトなので、プロパティ名から個々の環境変数値を取得できます。次の例では、LANG
環境変数の値を取得しています。

```
$ jq -n '$ENV.LANG'                               # $ENVから
"C.UTF-8"

$ jq -n 'env.LANG'                                # envから
"C.UTF-8"
```

変数なので、代入などにも使えます。次の例では、language プロパティを環境変数の LANG と
入れ替えています。

```
$ cat control01.json | jq '.language |= $ENV.LANG'
{
  "aLaCarte": [
    "蒲焼き",
    "白焼き",
    ...
  ],
  "language": "C.UTF-8"                           # 環境変数値と置き換え
}
```

jq からでは、$ENV の値は変更できません。

```
$ jq -n '$ENV.SHELL |= "/bin/sh"'                          # 環境変数SHELLを上書き
jq: error (at <unknown>): Invalid path expression near attempt to access
  element "SHELL" of {"SHELL":"/bin/bash","WSL_...
```

$ENV および env は jq 起動前の環境変数値を保持しているので、必要なら、起動前にシェルの側で操作します。次の例では、上記とおなじフィルタの実行前に LANG を ja_JP.SJIS に変更しています。

```
$ LANG=ja_JP.SJIS                                          # LANG環境変数の変更
$ cat control01.json | jq '.language |= $ENV.LANG'         # さきほどとおなじフィルタ
{
  "aLaCarte": [
    "蒲焼き",
    "白焼き",
    "きも焼き",
    ...
  "language": "ja_JP.SJIS"                                 # 変更後のLANGの値
}
```

10.4 関数定義

jq では関数も定義できます。書式を次に示します。

```
def name: 式;
```

name が関数の名前です。引数のない関数なら名前だけですが、あればカッコ内で仮引数を指定します。関数引数が複数あれば、セミコロン（;）で区切ります。次に、2 変数のときの書式を示します。

```
def name(x; y): 式;
```

　関数名はコロン（:）で、関数式の中身はセミコロン（;）で終端します。次に示すのは、9.2 節で紹介した xor 関数です。

```
$ jq -n 'def xor(a;b): (a or b) and (a and b | not);'
```

　関数定義末尾のセミコロン以降は、普通にフィルタを記述できます。次の例では、aLaCarte プロパティの 5 つの文字列が「文字列 " 肝 " で始まる」xor「文字列 " 焼き " で終わる」かどうかを確認しています。結果が読みやすいよう、入力文字列も併せて出力します。

```
$ cat control01.json | \
  jq -c 'def xor(a;b): (a or b) and (a and b | not);
  .aLaCarte[] | [., xor(startswith("肝"); endswith("焼き"))]'
["蒲焼き",true]
["白焼き",true]
["きも焼き",true]
["肝吸",true]
["漬物盛り合わせ",false]
```

　参考のため、排他的論理和の真理値表を次に示します。

表 10.1 ● xor の真理値表

入力	" 肝 " で始まる	" 焼き " で終わる	xor
" 蒲焼き "	false	true	true
" 白焼き "	false	true	true
" きも焼き "	false	true	true
" 肝吸 ",	true	false	true
" 漬物盛り合わせ "	false	false	false

10

10.5 ループ

jq がサポートしているループ文は while、until、foreach です。配列要素すべてを順次処理する map および reduce 関数もループ構造ですが、7.3 節で説明したので本章では扱いません。

■ 10.5.1 while

while は条件式が満たされているあいだは入力値 . をその都度更新しながらループし、その値を出力します。書式は次のとおりです。

```
while(条件式; 更新式)
```

形式的には他の言語にある for(初期化式; 条件式; 更新式) に似ていますが、入力時にセットされる . をループカウンタとして用いるため、初期化式が省かれています。第 1 引数は、true/false を返す述語関数や条件式（第 9 章）でなければなりません。

0 から 3 までの数値を出力します。初期値 0 は、パイプから（. へ）入力します。第 1 引数の条件式は入力（.）が 4 未満までが真となるよう . < 4 と書きます。第 2 引数の更新式は . + 1 で、これにより . がひとつずつ増加します。. = . + 1 と書いてもよいですが、左辺だけでも . への代入と判断されます。

```
$ jq -n '0 | while(. <  4; . + 1)'
0
1
2
3
```

もっとも、数値を連続して出力するだけなら range 関数（5.5 節）のほうが楽です。

```
$ jq -n 'range(4)'
0
1
2
3
```

range 関数は数値しか使えませんが、while は . を扱うので、数値以外のデータ型でも OK です。次の例では、"A" だけで構成された文字列を次第に長くしていき、4 文字になったら終了します。

```
$ jq -nr '"A" | while(length < 5; . + "A")'
A
AA
AAA
AAAA
```

更新式同様、条件文にも . が暗黙的に引き渡されるので、. | length < 5 と書く必要はありません。

変数定義も加えてちょっと凝ったことをということで、フィボナッチ数列（Fibonacchi sequence）を生成します。フィボナッチ数列は、ひとつ前とふたつ前の要素の和を次の要素の値とする数列です。0 番目の要素は 0、1 番目の要素は 1 と決められているので、2 番目は 0+1=1、3 番目は 1+1=2 です。定義は次のとおりです。

```
F(0) = 0                          # 0番目のフィボナッチ数
F(1) = 1                          # 1番目のフィボナッチ数
F(n) = F(n-1) + F(n-2)            # n番目のフィボナッチ数（n≧2）
```

ここでは最初の 20 個まで計算します。

```
$ jq -cn '[0, 1] |
  while(length < 20;
        (length as $len | . + [.[$len-1] + .[$len-2]]))'
[0,1]
[0,1,1]
[0,1,1,2]
[0,1,1,2,3]
[0,1,1,2,3,5]
[0,1,1,2,3,5,8]
[0,1,1,2,3,5,8,13]
[0,1,1,2,3,5,8,13,21]
[0,1,1,2,3,5,8,13,21,34]
[0,1,1,2,3,5,8,13,21,34,55]
[0,1,1,2,3,5,8,13,21,34,55,89]
[0,1,1,2,3,5,8,13,21,34,55,89,144]
```

```
[0,1,1,2,3,5,8,13,21,34,55,89,144,233]
[0,1,1,2,3,5,8,13,21,34,55,89,144,233,377]
[0,1,1,2,3,5,8,13,21,34,55,89,144,233,377,610]
[0,1,1,2,3,5,8,13,21,34,55,89,144,233,377,610,987]
[0,1,1,2,3,5,8,13,21,34,55,89,144,233,377,610,987,1597]
[0,1,1,2,3,5,8,13,21,34,55,89,144,233,377,610,987,1597,2584]
[0,1,1,2,3,5,8,13,21,34,55,89,144,233,377,610,987,1597,2584,4181]
```

while は、入力配列に次のフィボナッチ数を加えながらその長さを伸ばしていきます。ループの終了条件は配列要素数が 20 になったときです（length < 20）。配列は最初は [0, 1] です。更新式では、まず現在の配列要素数を変数 $len に収容します。最初のループではこれは 2 です。そのうえで、末尾の要素（.[$len-1]）とそのひとつ前の要素（.[$len-2]）の和を取り、入力配列に加えます。配列要素の加算は配列同士でなければならないので、加えるときには . + [...] と 1 要素だけでも配列を指定しなければならないところがポイントです（4.3 節）。

やればできるものの、jq でこんなことをするシチュエーションはまずないでしょう。

■ 10.5.2　until

until 文は while 文の反対で、条件式が満たされたときにループを終了します。書式は次のとおりで、while と変わりません。

```
until(条件式; 更新式)
```

ただし、動作はやや異なります。while がその都度 . を出力するのに対し、until は最終結果しか出力しません。さきに示した 0 から 3 までの値を出力する while を until で書き換えると次のようになります。

```
$ jq -n '0 | until(. >= 3; . + 1)'          # 最終結果の3だけ
3
```

途中の結果が冗長だった while によるフィボナッチ数列の生成を until で書けば、次のようになります。

```
$ jq -cn '[0, 1] |
  until(length == 20;
```

```
        (length as $len | . + [.[$len-1] + .[$len-2]]))'
[0,1,1,2,3,5,8,13,21,34,55,89,144,233,377,610,987,1597,2584,4181]
```

■ 10.5.3 foreach

foreach は配列要素を順に処理する関数です。7.3 節で取り上げた reduce 関数もおなじ機能を提供しますが、reduce が出力するのが最終結果のみなのに対し、foreach は要素ごとです。書式は次のとおりです。

```
foreach 入力値 as $identifier(初期化式; 更新式; 抽出式)
```

reduce とおおむねおなじですが、出力内容を指示する第3引数が加わっています。7.3 節の用例とおなじく、array01.md の price プロパティに収容された4つの整数から平方根和を求めます。

```
$ cat array01.json | jq -c '.price'          # priceプロパティの中身を確認
[1250,1150,1450,1150]

$ cat array01.json | \
  jq 'foreach .price[] as $x (               # 1. ループ
    0;                                       # 2. 初期化式
    . + ($x | sqrt);                         # 3. 更新式
    .                                        # 4. 抽出式
  )'
35.35533905932738                            # 1250の平方根
69.26698897495372                            # 上記に1150の平方根を加える
107.34585450427326                           # さらに1450の平方根を加える
141.2575044198996                            # 最後に1150の平方根を加える
```

1. foreach .price[] as $x は、.price 配列をループしながら、その都度要素を $x に代入します。
2. 初期化式（第1引数）の 0 は、和を集積していく . の値をループ開始前に 0 に初期化します。
3. 更新式（第2引数）の . + ($x | sqrt) は、. に $x の平方根を加えます。
4. 抽出式は . だけなので、ここまでの和を表示します。

抽出式はいかようにも複雑にできます。次の例では、もとの要素値、その平方根、そこまでの和

を小数点以下2桁までで表示します。

```
$ cat array01.json | \
  jq -r 'foreach .price[] as $x (
    0;                                  # 1. .を0に初期化
    . + ($x | sqrt);                    # 2. $xの平方根を足す
    [                                   # 8. 出力用配列
      [                                 # 6. 3〜5の結果の配列
        $x,                             # 3. その時点の要素$x
        ($x | sqrt),                    # 4. $xの平方根
        .                               # 5. そこまでの総和
      ][] * 100 | round / 100 | tostring  # 7. 丸めと文字列化
    ] | join(" => ")                    # 9. 8を連結
  )'
1250 => 35.36 => 35.36
1150 => 33.91 => 69.27
1450 => 38.08 => 107.35
1150 => 33.91 => 141.26
```

1. . の初期値はさきほどとおなじ0です。

2. . に $x の平方根を加えて更新します。

3. その時点の配列要素 $x をそのまま取得します。

4. その時点の配列要素 $x の平方根をそのまま取得します。

5. その時点までの総和（.）をそのまま取得します。

6. 3〜5を配列化します。配列化し、それをイテレートすることで、次の丸めと文字列化の処理を一気に行えます。

7. 100倍し、丸めて、100で割ることで小数点数2桁までの精度の値にします。round などの丸め関数（5.2節）には桁数を指定する機能がないので、面倒ですが仕方ありません。そのうえで、数値を文字列化します。

8. ここまでの処理（3つの値）をさらに配列化します。これは、最後に値を1行にまとめるためのものです。

9. 8の配列を連結します。

配列を作成し（6）、それをイテレートでばらし（7）、さらにまた配列化（8）しているのでかなりややこしいです。

10.6 まとめ

本章では、各種の制御機構を説明しました。条件分岐、エラー処理、変数定義、関数定義、ループです。重要な点は次のとおりです。

- jq は入力を変形しながらパイプラインでつないでいくのが基本なので、凝った制御はめったに必要ありません。そんなプログラミングをしたくなったら、まず、既存のメカニズムで達成できないか再検討しましょう。
- 条件分岐には一般的な if-then-else-end、真のときの入力だけを抽出する select 関数、代替演算子（//）があります。if-then-else-end は else が必須なので、偽のときの処理が必要でなければ、なんの操作もしない empty 関数を置きます。
- エラー処理には try-catch、エラー抑制の? があります。強制終了のための halt や error 関数もあります。
- 変数は ... as $identifier | から定義と代入をします。この文は入力に影響を与えません。変数名は先頭に $ をつけて参照します。
- 変数はコマンドラインからも定義できます。--arg var value は変数 $var に値 value を代入し、フィルタから利用できるようにします。--argjson もおなじ機能ですが、値の記述にしたがってデータ型を決定します。
- --rawfile と --slurpfile はファイルの中身全体を変数に収容できます。
- 関数は def から定義します。
- ループ機構には while、until、foreach があります。

10

付 録

付録 A　インストール

Linux（Windows Subsystem for Linux も含む）では rpm、apt-get、yum などのパッケージ管理ツールからインストールできます。たとえば、root ユーザから次のいずれかを実行します。

```
$ sudo apt-get --yes install jq          # Ubuntu, Debian
$ yum install jq                         # CentOS
```

ただし、パッケージ管理ツールは導入や管理が簡単でも、リポジトリにあるのが望みのバージョンとはかぎりません。その場合は、次に示す要領で実行形式をダウンロードし、所定のディレクトリに保存します。この手順は Windows でもおなじです。

> jq は Windows でも利用できますが、コマンドプロンプトには引用符などの特殊文字のエスケープに癖があります。jq の高度な機能や複雑な JSON テキストを多用する予定があるのなら、後述の Windows Subsystem for Linux の利用をお勧めします。

インストールするまえにためすのなら、下記のウェブベースのツール jqplay が便利です。

```
https://jqplay.org/
```

A.1 実行形式のインストール

実行形式は、次に示す jq のサイトからダウンロードできます。

```
https://stedolan.github.io/jq/
```

メインページ上端の Download ボタンをクリックすれば、次図のようにプラットフォーム別に、バージョンとアーキテクチャ（32 または 64 ビット）の組みあわせがいくつかリストされます。

図 A.1 ● Download jq のページ

Download jq

jq is written in C and has no runtime dependencies, so it should be possible to build it for nearly any platform. Prebuilt binaries are available for Linux, OS X and Windows.

The binaries should just run, but on OS X and Linux you may need to make them executable first using `chmod +x jq`.

jq is licensed under the MIT license. For all of the gory details, read the file `COPYING` in the source distribution.

jq uses a C library for decimal number support. This is an ICU 1.8.1 licensed code obtained from the ICU downloads archive http://download.icu-project.org/files/decNumber/decNumber-icu-368.zip.

Linux

- jq 1.5 is in the official Debian and Ubuntu repositories. Install using `sudo apt-get install jq`.
- jq 1.5 is in the official Fedora repository. Install using `sudo dnf install jq`.
- jq 1.4 is in the official openSUSE repository. Install using `sudo zypper install jq`.
- jq 1.5 is in the official Arch repository. Install using `sudo pacman -S jq`.
- jq 1.6 binaries for 64-bit or 32-bit.
- jq 1.5 binaries for 64-bit or 32-bit.
- jq 1.4 binaries for 64-bit or 32-bit.
- jq 1.3 binaries for 64-bit or 32-bit.

とくに条件がなければ最新版（執筆時点では 2018 年 11 月リリースの v1.6）をダウンロードし

ます。凝った機能を利用しないのなら、バージョン間の差異は気になるほどはありません。アーキテクチャは昨今の OS はどれも 64 ビットなので、旧型機を利用しているのでなければ 64-bit を選択します。

　ファイルはたったひとつだけダウンロードされます。（動的ライブラリや設定ファイルなどの）依存関係はないので、そのファイルだけから、どこのディレクトリからでも実行できます。ファイル名は Linux なら jq-linux64、Windows なら jq-win64.exe で、プラットフォームやアーキテクチャを示す命名になっています。このままでは単に jq と実行しても実行ファイルがみつからないので、コマンドサーチパスのあるディレクトリに移動したうえで、jq に名前を変更します（シンボリックリンクも可）。名前を変えても問題なく動作します。Linux なら次の要領でファイルを移動し、実行パーミッションを加えます。

```
$ mv jq-linux64 /usr/bin/jq                        # たとえば/usr/bin
$ chmod +x /usr/bin/jq
```

　Windows なら移動するだけです。ただし、管理者権限が必要なディレクトリ（以下の C:\windows\system32 など）では必要な権限を取得してから実行します。ウィンドウズエクスプローラからでもかまいません。

```
C:\temp>move jq-win64.exe C:\windows\system32\jq.exe
```

■ A.1.1　パスの設定

　既存のコマンドサーチパス（PATH 環境変数）に含まれているディレクトリ以外にインストール（バイナリのコピー）をしたのなら、パスのそのディレクトリを加えます。たとえば、Linux で /usr/local/jq/jq（ふたつある jq は最初がディレクトリで、末尾が実行ファイル）にバイナリをコピーしたら、次の 1 行を ~/.bashrc などに加えます。

```
PATH=$PATH:/usr/local/jq
```

　Windows では、［環境変数］ダイアログウィンドウから Path を変更します。環境変数にはユーザ用とシステム用があり、どちらにも Path がありますが、前者は本人だけが、後者は全ユーザが利用するときに設定します。どちらでもかまいません。［編集］ボタンから［環境変数名の編集］ダイアログウィンドウを開き、［新規］ボタンから編集します。たとえば、jq バイナリを C:\

tools\jq ディレクトリにコピーしたなら、C:\tools\jq を入力します。

図 A.2 ● Windows の環境変数から Path を設定

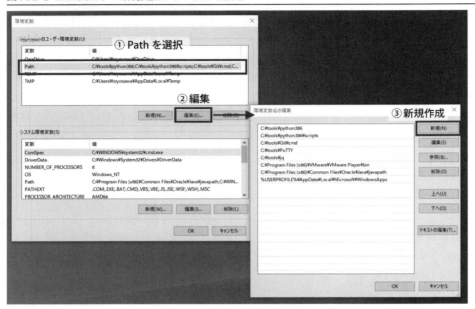

　［環境変数］ダイアログウィンドウは［設定］▶［システム］▶［詳細情報］▶［システムの詳細設定］から呼びだせます。検索ボックスから SystemPropertiesAdvanced.exe を呼びだすのも手です。

　Windows Subsystem for Linux では、たとえば C:\tools ディレクトリは後述のように /mnt/c/tools からアクセスできます。Linux の要領で ~/.bashrc などで PATH を変更します。

A.2　Windows Subsystem for Linux の導入

　Windows 10 から、Ubuntu Linux のバイナリ（ELF）をそのまま実行できる Windows Subsystem for Linux（WSL）が利用可能になりました。WSL はデフォルトではオフになっているので、［コントロールパネル］▶［プログラムと機能］▶［Windows の機能の有効化または無効化］から有効化します。「□ Windows Subsystem for Windows」の欄の上をマウスでホバーすれば、簡単な説明が表示されます。

図 A.3 ● ［**Windows** の機能の有効化または無効化］ から **WSL** を有効化

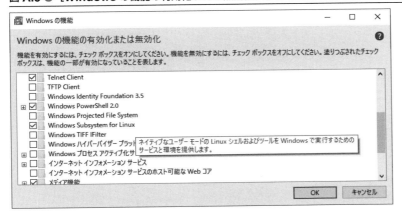

　WSL には WSL1 と WSL2 という異なるふたつのタイプがあります。上記で導入した WSL1 が ELF バイナリをエミュレーションするのに対し、後者は仮想マシンで実行するのが違うのですが、jq を利用するぶんにはどちらでもかまいません。ただし、WSL2 は Hyper-V を有効化するので、VMWare などの他のハイパーバイザが利用できなくなります（筆者は VMWare ユーザなので WSL1 を使用しています）。WSL2 を導入するのなら、次に示す Windows Subsystem for Linux に関するドキュメントをごらんください。

```
https://docs.microsoft.com/ja-jp/windows/wsl/
```

■ A.2.1　実行

　WSL のシェル環境を呼びだすには、コマンドプロンプトまたは Power Shell から bash を実行します。直後にパスワードをきかれますが、Windows のログオン時のものとおなじです。終了は exit あるいは Ctrl-D です。

```
C:\temp>bash                          # コマンドプロンプトからbash
[sudo] password for foo:              # Windowsユーザのもの
foo@host:/mnt/c/temp$                 # bashのプロンプト

foo@host:/mnt/c/temp$ exit            # exitで終了
ログアウト

C:\temp>                              # コマンドプロンプトに戻る
```

■ A.2.2　ドライブ

　bash 上では、Windows のファイルシステムは /mnt/*Drv* にマウントされます。*Drv* は C: や X: などのドライブ識別子で、コロンは省かれます。また、Windows では大文字表記ですが、ここでは小文字で指定します。たとえば、C:\temp は /mnt/c/temp です。

```
$ ls /mnt/C/temp                              # ドライブ名大文字は不可
ls: /mnt/C/temp にアクセスできません: そのようなファイルやディレクトリはありません

$ ls /mnt/c/temp                                # 小文字にする
'Firefox Installer.exe'*           hb1-daily.xlsx*
 Git-2.29.2.2-64-bit.exe*          irfanview_lang_japanese.exe*
 JavaSetup8u271.exe*               iview456_plugins_x64_setup.exe*
```

■ A.2.3　同名のコマンドについて

　WSL では、Window と Linux のどちらのバイナリも実行できます。たとえば、dir も ls もどちらも動作します。find や sort のように同名のコマンドがどちらにもあるときは、Unix のものが実行されます。Windows 版を実行するには、拡張子 *.exe をつけます。たとえば、Windows の find は find.exe で呼びだします。どのコマンドが実行されるかは、Unix コマンドの which から確認できます。

```
$ which find                                  # そのままならUnix版
/usr/bin/find

$ which find.exe                              # .exeを加えればWindows版
/mnt/c/WINDOWS/system32/find.exe
```

　set や for などのビルトインコマンドは Unix のもので、Windows 版は実行できません（実行しているが bash だから）。

付録 B　JSON

本付録では、JSON の仕様および注意事項を示します。

B.1　JSON とは

　JSON は JavaScript Object Notation（JavaScript オブジェクト記法）の略で、データを保存したりアプリケーション間で交換するためのフォーマットです。データはテキスト（文字）で記述されるので、メモ帳や vi などのテキストエディタから閲覧、編集ができます。

　次の例は、メニューの 1 品を記述した JSON テキストです（json01.txt）。

```
$ cat json01.txt
{
  "name": "Bruschetta Classica",
  "ingredients": ["tomato", "mozzarella", "bazil", "olive oil", "balsamico"],
  "price": 700,
  "isAvailable": true
}
```

　中カッコ {} でくくられたこの 1 品のデータ全体をオブジェクト、それぞれの行をプロパティといいます。プロパティはそれぞれ名前（"name" や "ingredients"）と値（700 や true）をコロン：ではさんで構成されます。値は 1 行目の文字列、2 行目の複数の要素を列挙した配列、3 行目の数値、あるいは 4 行目の真偽値など、いろいろなデータ型で記述できます。

　もともとはウェブブラウザで用いられるプログラミング言語の JavaScript でデータを記述するために規定されたものですが、簡便さが評価され、多くの言語やアプリケーションで利用されています。

　JSON の仕様には IETF が規定した RFC 8259 と、ECMA が策定した ECMA-404 のふたつがありますが、中身はおなじなので、読みやすい、あるいは知りたいことがより細かく規定してあるほうを参照してください。どちらも 16 ページ程度です。IETF は Internet Engineering Task Force（インターネット技術特別調査委員会）

の略で、電子メールや DNS などのインターネット技術の大半を仕様化している標準化団体です。ECMA は European Computer Manufacturers Association（欧州電子計算機工業会）の略で、名前からわかるように、もとはヨーロッパローカルの標準化団体でしたが、その標準が国際的に広まったことから、単にエクマと呼ばれます。JavaScript（ECMAScript）で有名ですが、1965 年に ASCII 文字に欧州文字を加えた ISO 646（ECMA-6）文字コードを規格化しており、かなり以前から活動しています。

以下、JSON テキストを構成する要素を説明します。

B.2 JSON テキスト

JSON の仕様で表現されたテキストデータを JSON テキスト（JSON text）と呼びます。JSON データや単に JSON と呼ばれることもあり、どう呼ぶかはあまり気にしなくてもよいです。

JSON テキストには文字列、数値、真偽値（true/false）、null、オブジェクト、配列の値（value）を記述できます。"insalata" などの文字列や、7.50 のような数値のように値単体でも立派な JSON テキストです。文字列、数値、真偽値、null を基本型（primitive type）といいます。オブジェクトと配列はこれらの基本型を構造化した（組みあわせた）ものです。

B.2.1 文字

JSON テキストは「テキスト」なので、すべて文字（character）で記述されます。数値も文字です。たとえば、数値の 0x01（1）は 0x31（"1"）で表現されます。Unicode で定義されている文字であればなんでも使用できます。

例外は文字列をくくるために用いられるダブルクォート（"）、エスケープで用いられるバックスラッシュ（\）、そして制御文字である 0x00 から 0x1f までの文字です。これらは \ でエスケープして表現します。つまり、ダブルクォートは \"、バックスラッシュは \\ です。

日本語環境の Windows では、コンソールの環境設定にもよりますが、バックスラッシュはたいてい ¥ 記号で表示されます。

■ B.2.2　文字列

文字列（string）は Unicode 文字の羅列をダブルクォート " でくくったものです。たとえば、"risotto" や " リゾット " です。1 文字であってもダブルクォートでくくらなければなりません。クォートなしやシングルクォート（'）では文字列として認識されません。

Unix シェルで echo から JSON 文字列を出力するには、ダブルクォートでくくった文字列そのものをさらにシングルクォートでくくることで、ダブルクォートが消費されないようにしなければなりません。

```
$ echo '"risotto"'                        # 文字列をさらに''でくくる
"risotto"                                 # ""つきで出力

$ echo '"risotto"' | jq '.'               # jqが受けつけるのでJSON
"risotto"

$ echo "risotto"                          # ''なし
risotto                                   # ""が消える

$ echo "risotto" | jq '.'                 # 受けつけないのでJSONでない
parse error: Invalid numeric literal at line 2, column 0
```

制御記号であるダブルクォート " とバックスラッシュ \ はバックスラッシュでエスケープします。

```
$ echo '"\""' | jq '.'                    # エスケープして\"
"\""

$ echo '"\\"' | jq '.'                    # エスケープして\\
"\\"
```

改行などの ASCII 制御文字は、C 言語とおなじくバックスラッシュでエスケープした文字記号で記述できます。

表 B.1 ●特殊文字

文字名	コード	エスケープ
後退（BS: Backspace）	0x08	\b
書式送り（FF: Form Feed）	0x0c	\f

文字名	コード	エスケープ
改行（LF: Line Feed）	0x0a	\n
復帰（CR: Carriage Return）	0x0d	\r
水平タブ（HT: Horrizontal Tab）	0x09	\t

マルチバイト文字はそのまま書いても、先頭に "\u" の 2 文字を加えた 16 進表記の Unicode 文字コードを用いてもかまいません。16 進数の A から F は大文字と小文字のどちらでも受けつけます。たとえば、" 牛肉 " は Unicode で U+725b と U+8089 なので、"\u725b\u8089" と書きます。

```
$ echo '"\u725b\u8089"' | jq '.'                    # Unicode表記
"牛肉"
```

U+0000 から U+FFFF までの BMP（Basic Multilingual Plane; 基本多言語面）文字はこれでよいですが、それ以上のものは UTF-16 で表現しなければなりません。たとえば、絵文字のワイングラス 🍷 は U+1F377 ですが、これは "\ud83c\udf77" と書きます。

```
$ echo '"🍷"' | jq '.'                               # 絵文字をじかに書く
"🍷"

$ echo '"\ud83c\udf77"' | jq '.'                     # UTF-16
"🍷"
```

文字、Unicode コード、そしてこれらに対応する UTF-16 エンコーディングについては、検索してください。

■ B.2.3　数値

数値はクォートなしで、10 進数表記の数字（0 ～ 9）で表現します。16 進数や 2 進数などにある桁数あわせの先頭の 0 は加えてはならないのが仕様ですが、実装系によっては暗黙的に無視してくれます。

```
$ echo 1729 | jq '.'                                 # 数値はクォートしない
1729

$ echo 01729 | jq '.'                                # 0は無視してくれる
```

```
1729
```

負数にはマイナス（-）記号を加えます。

```
$ echo -87539319 | jq '.'                          # 負の数
-87539319
```

仕様上、プラス（+）記号は加えません。ただし、正の数として受け取ってくれる実装系もあります。jq では、次のように標準入力やファイルから入力すれば受けつけるものの、--null-input（2.1 節）を用いた直接記述ではエラーになるなど、挙動はまちまちです（次の例では加算演算子と解釈されている）。思わぬエラーにならぬよう、+ は避けるべきです。

```
$ echo +87539319 | jq '.'                          # プラスは無視
87539319

$ jq -n '+1000 + 100'                              # 直値ではエラー
jq: error: syntax error, unexpected '+',
  expecting $end (Unix shell quoting issues?) at <top-level>, line 1:
+1000 + 100
jq: 1 compile error
```

小数点は . で表現します。整数部が 0 のときは 0 を省いて . から始めてもかまいません（この記法を好む自然言語もあります）。

```
$ echo 3.1415 | jq '.'                             # π
3.1415

$ echo -2.718 | jq '.'                             # 負のネイピア数
-2.718

$ echo .20787 | jq '.'                             # iのi乗
0.20787
```

6.67430×10^{-11} のような指数は、コンピュータ言語で一般的な仮数部（×の左側）と指数部（右側の 10 の肩に乗った数）を文字 E でつないで表現します。小文字の e でもかまいません。E につづく指数部の値には + あるいは - を指定します。

```
$ echo 6.6743015e-11 | jq '.'                        # 重力定数
6.6743015e-11

$ echo 7.34581E+22 | jq '.'                          # 月の質量
7.34581e+22
```

　数字以外の特殊な数は扱えません。ただし、JSON の仕様上は記述できない無限および非数（Not a number: NaN）については、jq に便宜上 infinite および nan という定数が用意されています（5.7 節）。

■ B.2.4　真偽値

　真偽値（Boolean）はリテラルで true（真）または false（偽）で、かならず小文字です。Python や C の気分で False や TRUE とすると真偽値とは判断されません。

```
$ echo 'true' | jq '.'                               # Booleanのtrue
true

$ echo 'TRUE' | jq '.'                               # C調言葉ではだまされない
parse error: Invalid numeric literal at line 2, column 0

$ echo 'false' | jq '.'
false
```

　真偽値が 0 や 1 などの整数値などと交換可能な言語系もありますが、JSON では認められていません。jq には、ある型の値を数値に変換する tonumber 関数（4.2 節）がありますが、真偽値を変換するとエラーが発生します。

```
$ echo '"1"' | jq 'tonumber'                         # 文字列"1"は1に変換できる
1

$ echo 'true' | jq 'tonumber'                         # trueはできない
jq: error (at <stdin>:1): boolean (true) cannot be parsed as a number
```

■ B.2.5　null

null はオブジェクトが存在しないことを示す特殊な値で、これも小文字で記述します。

```
$ echo 'null' | jq '.'
null
```

そこになにもないという状態は空文字（""）、数値の 0、カラの配列（[]）、カラのオブジェクト（{}）とは異なります（jq の if 文は 10.1 節参照）。

```
$ jq -n 'if null == null then "Yes" else "No" end'      # nullはnull
"Yes"

$ jq -n 'if null == "" then "Yes" else "No" end'        # nullは""ではない
"No"

$ jq -n 'if null == 0 then "Yes" else "No" end'         # nullは0ではない
"No"

$ jq -n 'if null == [] then "Yes" else "No" end'        # nullは[]ではない
"No"

$ jq -n 'if null == {} then "Yes" else "No" end'        # nullは{}ではない
"No"
```

■ B.2.6　空白文字

空白文字（white space）はスペース（0x20）、水平タブ（HT; 0x09）、改行（LF; 0x0a）、復帰（CR; 0x0d）です。オブジェクトや配列では、要素の間に空白文字を入れられます。

■ B.2.7　オブジェクト

オブジェクト（object）は開き中カッコ {、プロパティ、閉じ中カッコ } の 3 点で構成されます。収容するプロパティが複数あるときは間をカンマ , で区切ります。上述のように、これらの要素の間には空白文字を入れられます。プロパティのまったくないオブジェクト（{} だけ）も立派

なオブジェクトです。最後のプロパティ末尾にはカンマはつきません。

```
$ echo '{"con pollo":"$15", "vongole" : "$17"}' | jq '.' # コロン前後のスペース
{
  "con pollo": "$15",
  "vongole": "$17"
}

$ echo '{}' | jq '.'                                       # 中身のないオブジェクト
{}

$ echo '{"con pollo":"$15", "vongole":"$17", }' | jq '.' # 末尾の余分なカンマ
parse error: Expected another key-value pair at line 1, column 40
```

プロパティが複数収容されているときの登場順序に仕様上は意味はありません。

 オブジェクトと配列という名称は、JavaScript の仕様からきています。実質的には
おなじものを指していても、呼びかたは言語によって微妙に異なります。たとえば、
Python はディクショナリ（dictionary）、Perl はハッシュ（hash）あるいは連想配
列（associative array）と呼んでいます。配列は Python ならリスト（list）です。
プロパティも JavaScript の用語で、RFC 8259 はこれをメンバー（member）と
呼んでいます。ECMA-404 はとくに名称を与えておらず、「名前と値の組」と書い
ています。

■ B.2.8　オブジェクトのプロパティ

　プロパティ（property）はプロパティ名（キー）、コロン :、値で構成されます。プロパティ名
はかならず文字列でなければなりませんが、文字列であればなんでもかまいません。文字列なの
で、前述のようにダブルクォートでくくります。JavaScript のようにクォートを省いたり、シング
ルクォートで代用することは認められていません。値はどの基本型でも有効で、オブジェクト（入
れ子のオブジェクト）や配列でもかまいません。

　おなじプロパティ名をもつプロパティがオブジェクトにあっても仕様違反ではありません。処理
方法は処理系依存ですが、たいていは最後に定義されたプロパティが採用されます。jq でのテス
ト例を次に示します。

```
$ echo '{"pasta":"spaghetti", "pasta":"penne"}' | jq .    # 後者が採用される
{
  "pasta": "penne"
}
```

ウェブブラウザのコンソール（JavaScript エンジン）からのテストも示します。

```
>> pasta = {"pasta":"spaghetti", "pasta":"penne"}        // ブラウザでも後者
Object { pasta: "penne" }
```

■ B.2.9　プロパティ名の命名規則

　プロパティ名は文字列ならなんでもよいと述べましたが、他のプラットフォームやアプリケーションから JSON データを利用することを考えると、特殊文字を含むなど、処理系の命名規則や処理方式に反しそうな名前は避けるべきです。とくに、Windows コマンドプロンプトから込み入った JSON テキストを適切にエスケープするのは至難の業です。

　命名規則にはいろいろなものがありますが、ここでは Google が自社開発で用いている JSON スタイルガイドを紹介します。

- 意味がわかるような名前づけをすること。
- 複数のものには複数形を使う。
- 先頭の文字にはアルファベット、アンダースコア _、ドル記号 $ のいずれかを用いる。
- 先頭以降の文字にはアルファベット、数字、アンダースコア _、ドル記号 $ を用いる。
- JavaScript の予約語（たとえば object）は避ける。
- 単語連結には camelCase を用いる。

　複数形は、考え始めるとなかなか難しいです。Google スタイルガイドも、要素の数を示すのに totalItems（複数）にすべきか、totalItem（単数）にすべきか悩んでいます。要素は複数あっても、数自体はひとつだけだからです。そこで、totalCount という回避策を提案しています。

　jq での利用を考えたとき、ドル記号は避けたほうが無難です。$ が jq の変数の識別子に用いられているからです（10.3 節）。事情は Perl や sh でもおなじです。

　camelCase（キャメルケース）は、複数の単語を連結してひとつの単語を作成するときのプログラミング上の命名作法です。具体的には、最初の単語がすべて小文字で、残りの単語は先頭だけ大

文字化してあとは小文字にします。たとえば、insalata di cesare は insalataDiCesare です。

先頭が小文字のときの **c**amelCase を lowerCamelCase（小文字キャメルケース）、先頭が大文字のときの **C**amelCase を UpperCamelCase（大文字キャメルケース）といいます。JavaScript ではメソッド名や変数名には前者を、クラス名には後者を用いるのが一般的です。どちらのらくだでも悩ましいのは、単語の先頭あるいは全文字がすでに大文字（Tom や TCP など）である、あるいはアポストロフィ ' やハイフン - などの役物が入っている（Tom's や brother-in-law）ときです。Google の JavaScript スタイルガイドは次の方法を推奨しています。

1. ターゲットの単語リストから役物をすべて抜く。
2. 単語がすでに複数語で構成されているなら、もとの単語に分解する（たとえば OpenSSH は Open と SSH に分解）。
3. すべて小文字にする。
4. camelCase または CamelCase のルールにしたがって先頭文字を大文字化して連結する。

図 B.1 ● 2 種類のらくだ

■ B.2.10　配列

　配列（array）は開き角カッコ [、値、閉じ角カッコ] の 3 点で構成されます。オブジェクト同様、値が複数あるときはカンマ , で区切ります（最後の値の末尾にはつけない）。配列に収容されている値を要素（element）といいます。値は JSON で有効な基本型ならなんでもかまわず、もちろんオブジェクトや別の配列（入れ子の配列）も OK です。値のない配列 [] もありです（要素なしのカラ配列）。

```
$ echo '[1]' | jq '.'                              # 1要素（数値）だけの配列
[
  1
]

$ echo '[1, true, "picci", null]' | jq '.'         # 4種の基本型の配列
[
  1,
  true,
  "picci",
  null
]

$ echo '[]' | jq '.'                               # 要素なしの配列
[]

$ echo '[1, 2, ]' | jq '.'                         # 余分なカンマはエラー
parse error: Expected another array element at line 1, column 8

$ echo '[1, 2, [20, 21]]' | jq '.'                 # 末尾の要素が配列（入れ子）
[
  1,
  2,
  [
    20,
    21
  ]
]
```

オブジェクトと異なり、登場順序には意味があります。配列内におなじ値があってもかまいません。

```
$ echo '["est", "est", "est"]' | jq '.'            # おなじ要素が3つ
[
  "est",
  "est",
  "est"
]
```

配列要素の番号は 0 からカウントするのが通例です。本書でも、3 要素ある配列の末尾の要素は「2 番目の要素」と書いています。

B.3 JSON ファイル

JSON テキストのファイル拡張子には .json を使うのが一般的ですが、実行上はなんでもかまいません。特殊な処理は必要ありません。テキストエディタで JSON を記述してそのまま保存するだけです。

ただし、JSON は BOM つきテキストをサポートしていないので、ファイルを UTF-8 として保存するときは BOM なしを指定します。BOM は Byte Order Mark（バイトオーダーマーク）の略で、ファイル中の文字コードを認識するためにファイル先頭に追加されたバイト列です。UTF-8 では EF BB BF です。次の例は、カタカナ数文字を BOM ありとなしでそれぞれ保存したファイルを Unix の od コマンドから 16 進数で表示したもので、前者に 3 バイトの BOM があることを除けば、残りはおなじことがわかります。

```
$ od -t x1 WithBom.txt                                      # BOMつき
0000000 ef bb bf e3 82 b9 e3 83 91 e3 82 b2 e3 83 86 e3   # ef bb bf で始まる
0000020 82 a3

$ od -t x1 WithoutBom.txt                                   # BOMなし
0000000 e3 82 b9 e3 83 91 e3 82 b2 e3 83 86 e3 82 a3
```

日本語版 Windows のメモ帳での UTF-8 文字の保存では、次の図に示すように、BOM のありなしが選択できます。2018 年ころまで BOM つきがデフォルトでしたが、最近では BOM なしが標準になったようです。

図 B.2 ●メモ帳の UTF-8 保存方法指定

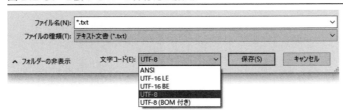

付録 C　コマンド一覧

　本付録では、本書で取り上げた jq コマンドオプション（付録 C.1）、. などフィルタで用いる特殊記号（付録 C.2）、演算子（付録 C.3）、一般的な関数（付録 C.4）、数学関数（付録 C.5）、定数（付録 C.6）をまとめて表に示します。項目はアルファベット順（記号は ASCII コード順）に並べています。

　本書は、jq マニュアル v1.6 記載の機能のうち一部はカバーしていません。以下の表で未記述のものは、マニュアルを参照してください。

　付録 C.4 と付録 C.5 の「引数の数」列で 0 とは、それら関数は引数を取らず、入力はパイプからのみ受けつけるという意味です。範囲で示したときは、引数の数が機能に応じて可変です。たとえば、range 関数（5.5 節）は range(10)、range(10;20)、range(10;20;2) のように 3 通りの使いかたがあるので、1 〜 3 と示しています。関数引数がふたつ以上のときは、f(a; b) のようにセミコロン（;）で区切ります。

C.1　コマンドオプション

　本節にはコマンドオプションをまとめて示します。ハイフンとアルファベット 1 文字からなるショートカットがあるものは 2 列目に記載しました。

表 C.1 ●コマンドオプション

コマンドオプション	ショートカット	機能	参照
--arg <var> <value>		変数 <var> に値 <value> を定義する（値は文字列になる）	10.3 節
--argjson <name> <value>		変数 <var> に値 <value> を定義する（値は表記から推定される型になる）	10.3 節
--ascii-output	-a	非 ASCII 文字を "\uXXXX" 形式で表示する	1.3 節
--color-output	-C	パイプ後も配色を維持する	1.3 節
--compact-output	-c	出力をコンパクトにまとめる	1.3 節
--exit-status	-e	終了コードを変更する	1.3 節
--from-file <file>	-f <file>	フィルタを記述したファイル <file> を読み込む	2.2 節
--indent <n>		インデント幅を <n> に変更する（デフォルトは 2 文字）	1.3 節

コマンドオプション	ショートカット	機能	参照
`--join-output`	`-j`	出力から末尾の改行を除く	1.3 節
`--monochrome-output`	`-M`	出力をモノクロにする	1.3 節
`--null-input`	`-n`	入力を無視する	2.1 節
`--raw-input`	`-R`	入力を文字列として解釈する	2.1 節
`--raw-output`	`-r`	文字列のダブルクォートを外す	1.3 節
`--rawfile <var> <file>`		変数 `<var>` に `<file>` の中身を代入する	10.3 節
`--seq`		JSON テキストシーケンスを利用する	2.1 節
`--slurp`	`-s`	複数の JSON テキストを配列にまとめる	2.1 節
`--slurpfile <var> <file>`		変数 `<var>` に `<file>` の中身を代入し、配列にまとめる	10.3 節
`--sort-keys`	`-S`	プロパティ名をベースにソートする	1.3 節
`--tab`		インデントをタブに変更する（デフォルトはスペース 2 文字）	1.3 節
`--version`		jq のバージョン番号を出力して終了する	1.3 節

C.2 特殊記号

本節にはフィルタを記述する特殊記号をまとめて示します。

表 C.2 ●特殊記号

記号	機能	参照
`"`	文字列のクォート	1.2 節
`#`	フィルタファイルのコメント	2.2 節
`$`	変数の参照	10.3 節
`()`	1）処理の優先順位指定、2）評価値の参照	3.5 節、4.1 節
`,`	併記	3.2 節
`.`	その時点のトップレベルを参照（アイデンティティ）	1.2 節
`..`	再帰処理	3.6 節
`:`	1）配列のスライス、2）関数定義	3.1 節、10.4 節
`;`	1）関数引数のセパレータ、2）def 文の終端	4.1 節、10.4 節
`?`	エラーを無視	3.4 節、10.2 節
`[]`	1）配列要素指定（`[n]`)、2）配列および文字列スライス（`[n:m]`)、3）プロパティ指定（`["property"]`)、4）イテレータ（`[]`)、5）配列化（`[...]`)	1.2 節、3.1 節

記号	機能	参照
{}	オブジェクト生成	3.5 節
|	1）パイプ（連続フィルタリング処理）、2）定数定義の終端	3.3 節、10.3 節

C.3 演算子

本節には算術演算子などの演算子をまとめて示します。

表 C.3 ●演算子

演算子	タイプ	機能	参照
!=	比較演算	等しくない	9.1 節
%	算術演算	モジュロ演算	5.1 節
%=	算術演算	更新代入（モジュロ演算）	4.5 節
*	算術演算	1）算術乗算、2）文字列の繰り返し	5.1 節、6.1 節
*=	算術演算	更新代入（乗算）	4.5 節
+	算術演算	1）算術加算、2）文字列の連結、3）配列およびオブジェクトの結合	4.3 節
+=	算術演算	更新代入（加算）	4.5 節
-	算術演算	1）算術減算、2）配列要素の削除	4.3 節
-=	算術演算	更新代入（減算）	4.5 節
/	算術演算	算術除算	5.1 節
/=	算術演算	更新代入（除算）	4.5 節
//	条件分岐	代替演算子	10.1 節
<	比較演算子	未満	9.1 節
<=	比較演算子	以下	9.1 節
=	算術演算	代入	4.5 節
==	比較演算子	等しい	9.1 節
>	比較演算子	より大きい	9.1 節
>=	比較演算子	以上	9.1 節
and	論理演算子	論理積	9.2 節
not	論理演算子	否定	9.2 節
or	論理演算子	論理和	9.2 節
|=	算術演算	更新代入	4.5 節

C.4 一般関数

本節には関数をまとめて示します。変数定義や関数定義のような関数らしからぬ記法も含んでいます。数学関数は別途付録 C.5 に掲載しています。ソートなどの値の大小比較でデータ型が混在しているときの順序は次のとおりです。

```
null > 真偽値 > 数値 > 文字列 > 配列 > オブジェクト
```

表 C.4 ●関数

関数	引数の数	機能	参照
... as $identifier |	該当しない	変数 $identifier を定義する	10.3 節
add	0	配列要素の和を返す（+ 参照）	4.4 節
all	0 ～ 1	（述語関数）配列要素がすべて真ならば真を返す。引数が述語関数なら配列要素をそれにしたがって真偽値に置き換える。	9.3 節
any	0 ～ 1	（述語関数）配列要素がひとつでも真ならば真を返す。引数が述語関数なら配列要素をそれにしたがって真偽値に置き換える。	9.3 節
arrays	0	配列だけを抽出する	4.2 節
ascii_downcase	0	文字列を小文字にする	6.1 節
ascii_upcase	0	文字列を大文字にする	6.1 節
booleans	0	真偽値だけを抽出する	4.2 節
bsearch	1	index のバイナリサーチ版	7.1 節
capture	1	（正規表現）キャプチャオブジェクトを返す	6.2 節
combinations	0	配列の配列から組みあわせを生成する	7.2 節
contains	1	（述語関数）入力に引数の値が含まれていれば真を返す	9.3 節
def name: 式 ;	該当しない	関数を name を定義する	10.4 節
del	1	配列あるいはオブジェクトから指定の要素を削除する	7.2 節、8.1 節
delpaths	1	指定のパス配列を削除する	8.3 節
empty	0	なにも実行しない	10.1 節
endswith	1	（述語関数）入力末尾に引数の文字列があれば真を返す	9.3 節
env	0	環境変数オブジェクトを得る	10.2 節

関数	引数の数	機能	参照
error	0〜1	エラーを発生させる。引数があればそのメッセージが出力される。	10.2 節
explode	0	文字列の Unicode コードを配列で返す	6.1 節
first	0〜1	配列から先頭の要素を抽出する。引数には抽出対象の配列のイテレータを指定する。	7.1 節
flatten	0	入れ子の配列を平板化する	7.2 節
foreach	3	配列を順に処理する。初期化式は第 1 引数、更新式は第 2 引数、抽出式は第 3 引数にそれぞれ指定する。	10.5 節
from_entries	0	key と value で構成されたオブジェクトからプロパティを生成する	8.2 節
fromdateiso8601	0	ISO8601 形式の日付を Unix エポックに変換する	5.6 節
fromjson	0	エスケープされた JSON データを通常の JSON テキストに変換する	4.2 節
getpath	1	パス配列から値を抽出する	8.3 節
gmtime	0	Unix エポック時間を tm 構造体配列に変換する	5.6 節
gsub	2	（正規表現）sub のグローバルマッチ版	6.2 節
halt	0	強制終了（なにも出力しない）	10.2 節
halt_error	0〜1	強制終了（処理中の値を出力）。引数があればその値を終了コードに用いる。	10.2 節
has	1	（述語関数）入力に引数のプロパティ名が含まれていれば真を返す	9.3 節
if-then-else-end	該当しない	if 文。else から if を続けるときは elif を用いる。	10.1 節
implode	0	Unicode コードの配列から文字列を生成する	6.1 節
in	1	（述語関数）has の入力と引数を入れ替えたもの	9.3 節
index	1	左からスキャンし、第 1 引数と一致する最初の位置を返す	6.1 節、7.1 節
indices	1	第 1 引数と一致する位置をすべて配列で返す	6.1 節、7.1 節
inside	1	（述語関数）contains の入力と引数を入れ替えたもの	9.3 節
isfinite	0	（述語関数）数値が有限ならば真を返す	9.3 節
isinfinite	0	（述語関数）数値が無限ならば真を返す	9.3 節
isnan	0	（述語関数）数値が非数ならば真を返す	9.3 節
isnormal	0	（述語関数）数値が一般的な数値ならば真を返す	9.3 節
iterables	0	イテラブル（配列とオブジェクト）を抽出する	4.2 節
join	1	配列要素を指定のデリミタで連結する	6.1 節

関数	引数の数	機能	参照
keys	0	オブジェクトからプロパティ名を抽出し、配列を返す。結果はソートされる。	8.1 節
keys_unsorted	0	keys の未ソート版	8.1 節
last	0〜1	配列から末尾の要素を抽出する。引数には抽出対象の配列のイテレータを指定する。	7.1 節
length	0	文字数、配列要素数、あるいはプロパティの数を返す	4.4 節
limit	2	第 1 引数に指定した個数分だけ、第 2 要素の配列から要素を抽出する	7.1 節
localtime	0	gmtime のローカル時間版	5.6 節
ltrimstr	1	指定の文字列を入力の先頭から省く	6.1 節
map	1	配列のすべての要素を引数の操作で変換した配列を返す	7.3 節
map_values	1	オブジェクトのすべての値を引数の操作で変換する	7.3 節
match	1	(正規表現) マッチした部分文字列をオブジェクトで返す	6.2 節
max	0	配列の最大値を返す	4.4 節
max_by	0	オブジェクトの値の最大値を返す	4.4 節
min	0	配列の最小値を返す	4.4 節
min_by	0	オブジェクトの値の最小値を返す	4.4 節
mktime	0	tm 構造体配列から Unix エポック時間を生成する	5.4 節
now	0	現在の Unix エポック時間を取得する	5.6 節
nth	1	配列から <n> 番目の要素を取りだす	7.1 節
nulls	0	null だけを抽出する	4.2 節
numbers	0	数値だけを抽出する	4.2 節
objects	0	オブジェクトだけを抽出する	4.2 節
path	1	分解したパスを配列で返す (パス配列)	8.3 節
range	1〜3	指定の範囲の数値を生成する	5.5 節
reduce ... as $identifier	2	配列要素を第 2 引数の要領でまとめる。第 1 引数が初期値	7.3 節
reverse	0	配列を逆順に並べる	7.2 節
rindex	1	右からスキャンし、第 1 引数と一致する最初の位置を返す	6.1 節、7.1 節
rtrimstr	1	指定の文字列を入力の末尾から省く	6.1 節
scalars	0	イテラブルでない値 (基本型) を抽出する	4.2 節

関数	引数の数	機能	参照
scan	1	（正規表現）マッチした部分文字列を返す	6.2 節
select	1	引数の述語関数が真を返す入力だけを選択的に返す	10.1 節
setpath	2	第 1 引数のパス配列に第 2 引数の値を更新代入する	8.3 節
sort	0	配列要素をソートする	4.4 節
sort_by	0	オブジェクトのプロパティ値をベースにソートする	4.4 節
split	1	指定の文字列で入力文字列を分解して配列を返す	6.1 節
splits	1	（正規表現版の）split	6.2 節
startswith	1	（述語関数）入力先頭に引数の文字列があれば真を返す	9.3 節
strftime	1	Unix エポック時間を指定の形式で返す	5.6 節
strings	0	文字列だけを抽出する	4.2 節
sub	2 〜 3	（正規表現）マッチする文字を置き換える。オプションの第 3 引数はフラグ。	6.2 節
test	1	（正規表現）指定のパターンがあれば true を返す	6.2 節
to_entries	0	プロパティの名前：値からオブジェクトを生成する	8.2 節
todateiso8601	0	Unix エポック時間を ISO-8601 形式の文字列に変換する	5.6 節
tojson	0	通常の JSON テキストをエスケープされた JSON テキストに変換する	4.2 節
tonumber	0	文字列を数値に変換する	4.2 節
tostring	0	値を文字列に変換する	4.2 節
transpose	0	配列を転置する	7.2 節
try-catch	該当しない	エラートラップ	10.2 節
type	0	データ型を文字列で返す	4.2 節
unique	0	配列から重複を取り除く	7.2 節
unique_by	1	オブジェクトの配列から指定の値をもつオブジェクトが重複していれば取り除く	8.1 節
until	2	第 1 引数の条件式が満たされるあいだループする。第 2 引数が更新式。	10.5 節
utf8bytelength	0	文字列のバイト数を返す	6.1 節
values	0	null 以外の値を抽出する	4.2 節

関数	引数の数	機能	参照
while	2	第1引数の条件式が満たされるあいだループする。第2引数が更新式。	10.5 節
with_entries	1	to_entries と from_entries の組みあわせで、第1引数の方法でキーと値を変更する	8.2 節

C.5 数学関数

jq の数学関数は C の数学ライブラリ（math.h）のラッパーです。ここはかなり省いたので、他の利用可能な関数のリストは jq マニュアルの Math 章を参照してください。それら関数の概要は、たとえば Wikipedia の C mathematical functions が参考になります。それぞれの関数の詳細は man ページを参照してください。

表 C.5 ●数学関数

関数	引数の数	機能	参照
acos	0	逆余弦関数（$\cos^{-1} x$）	5.4 節
asin	0	逆正弦関数（$\sin^{-1} x$）	5.4 節
atan	0	逆正接関数（$\tan^{-1} x$）	5.4 節
ceil	0	丸め（$+\infty$へ）	5.2 節
copysign	2	第2引数の符号を第1引数のそれと入れ替える	5.3 節
cos	0	余弦関数（$\cos \theta$）	5.4 節
exp	0	（底が e の）指数関数（e^x）	5.4 節
exp10	0	（底が 10 の）指数関数（10^x）	5.4 節
exp2	0	（底が 2 の）指数関数（2^x）	5.4 節
fabs	0	浮動小数点数の絶対値	5.3 節
floor	0	丸め（$-\infty$へ）	5.2 節
fmax	2	ふたつの引数の大きいほうを返す	5.4 節
fmin	2	ふたつの引数の小さいほうを返す	5.4 節
fmod	2	（浮動小数点数版の）剰余	5.1 節
hypot	2	直角三角形の斜辺の長さ（$(x^2 + y^2)^{1/2}$）	5.4 節
log	0	（底が e の）対数関数（$\log_e x$）	5.4 節
log10	0	（底が 10 の）対数関数（$\log_{10} x$）	5.4 節
log2	0	（底が 2 の）対数関数（$\log_2 x$）	5.4 節

関数	引数の数	機能	参照
modf	0	小数点数を整数部分と小数部分に分解する。負号はどちらにもおなじものがつけられる。	5.3 節
pow	2	任意の底のべき乗（a^x）	5.4 節
round	0	丸め（最近接）	5.2 節
sin	0	正弦関数（$\sin \theta$）	5.4 節
sqrt	0	平方根	5.4 節
tan	0	正接関数（$\tan \theta$）	5.4 節
trunc	0	丸め（0 へ）	5.2 節

C.6　定数、特殊変数

本節には定数あるいは特殊変数をまとめて示します。

表 C.6 ●定数、特殊変数

定数	意味	参照
infinite	無限大	5.8 節
nan	非数（not a number）	5.8 節
$ENV	環境変数	10.3 節

付録 D　参考文献

本書に関連する参考文献（URL）を次に示します。

● jq マニュアル― https://stedolan.github.io/jq/manual/v1.6/
本書が依拠している jq のオフィシャルマニュアル。

● The JavaScript Object Notation (JSON) Data Interchange Format ― https://tools.ietf.org/html/rfc8259
インターネット技術の標準化団体である IETF による JSON データ形式の標準文書。2017 年 12 月発行で、仕様番号は RFC 8259（STD 90）です。おなじような文書に RFC 7159 がありますが、これはこの RFC で無効化されました。JSON 仕様の概略は付録 B に示しました。

● The JSON Data Interchange Syntax 2nd Edition ― http://www.ecma-international.org/publications/standards/Ecma-404.htm
JavaScript の標準化母体の Ecma インターナショナルが出版した JSON データ形式の標準文書。2017 年 12 月発行で、仕様番号は ECMA-404 です。上記の RFC 8259 と中身はほとんどおなじです。どちらを読んでもかまわないので、好みの語り口のほうを選んでください。なお、ECMA は European Computer Manufacturers Association（欧州電子計算機工業会）の略ですが、その活動がヨーロッパローカルではなくなってきたことから、頭字語ではなく、Ecma それ自体が固有名詞となりました。

● Google JSON Style Guide ― https://google.github.io/styleguide/jsoncstyleguide.xml
Google が用いている JSON のスタイルガイド。JSON テキストは JSON の仕様にのっとっているかぎりどのように書いてもかまいませんが、インデントの量、改行位置、プロパティ名の記法などは一定のスタイルでそろえたほうが読みやすいでしょう。参考にしてください。概略は付録 B に示しました。

● JavaScript Object Notation (JSON) Text Sequences ― https://tools.ietf.org/html/rfc7464
JSON テキストをストリームを介して送受信するときのフォーマットを規定した標準文書。2015 年 2 月発行で、仕様番号は RFC 7464 です。通常の JSON のメディアタイプが application/json なのに対し、こちらは application/json-seq です。このフォーマットは 2.1

節で説明しました。

- curl ― https://curl.haxx.se
  コマンドライン志向のウェブクライアント。Chrome や Firefox といった通常のウェブブラウザと異なり、応答をレンダリングせずにそのまま表示します。REST インタフェースから直接 JSON テキストを受信し、それを jq で処理するときに多用します。本書では 2.1 節ですこし触れました。

- jqplay ― https://jqplay.org/
  オンライン jq ツール。インストールせずにとりあえず試したい、あるいは使用しているバージョンでは最新版（v1.6）の機能や正規表現が確認できないときに利用できます。

- Windows Subsystem for Linux ― https://docs.microsoft.com/ja-JP/windows/wsl/
  Windows Subsystem for Linux（WSL）の導入方法を説明した Microsoft の文書。概略は付録 A.2 に示しました。

- ANSI escape code ― https://en.wikipedia.org/wiki/ANSI_escape_code（Wikipedia）
  コンソール上のカーソルの位置、配色、フォントなどを制御する方法を解説しています。jq は、データ型別に出力を配色するのにこのメカニズムを用いています。1.3 節では軽く触れただけなので、詳細はこちらと jq マニュアルの Colors 章を参照してください。

- IEEE 754 ― https://ja.wikipedia.org/wiki/IEEE_754（Wikipedia）
  jq は内部では IEEE 754 の浮動小数点数を用いて数値を表現しています。数値演算で丸めや誤差が生じた理由を詳しく知りたいときに参照してください。jq での挙動は 5.8 節で説明しました。

- ISO 8601 日時フォーマット ― https://ja.wikipedia.org/wiki/ISO_8601（Wikipedia）
  fromdateiso8601 関数などで用いられる ISO 8601 のフォーマットを概説しています。jq の日時関数は 5.6 節で取り上げました。

索 引

■ま

■ら

■ 著者プロフィール

豊沢 聡（とよさわ・さとし）

電話会社、教育機関、ネットワーク機器製造会社を経由して、ただいま絶賛無職中。著書、訳書、監修書はこれで 33 冊目。主な著作に『実践 Java ネットワークプログラミング』（カットシステム、2002）、『試せばわかる！コマンドで理解する TCP/IP』（アスキー・メディアワークス、2008）、『詳説 Node.js — API リファレンスと用例』（カットシステム、2020）、『実践 OpenCV 4 for Python 画像映像情報処理』（カットシステム、2021）、訳書に『詳細イーサネット第 2 版』（オライリー・ジャパン、2015）、『Fluent Python』（オライリー・ジャパン、2017）、監修書に『実践 OpenCV 2.4 映像処理と解析』（カットシステム、2013）がある。

jq ハンドブック
NetOps/DevOps 必携の JSON パーザ

2021 年 7 月 10 日　　初版第 1 刷発行

著　者	豊沢 聡
発行人	石塚 勝敏
発　行	株式会社 カットシステム

〒 169-0073 東京都新宿区百人町 4-9-7　新宿ユーエストビル 8F
TEL （03）5348-3850　　FAX （03）5348-3851
URL　https://www.cutt.co.jp/
振替　00130-6-17174

印　刷　シナノ書籍印刷 株式会社

本書に関するご意見、ご質問は小社出版部宛まで文書か、sales@cutt.co.jp 宛に
e-mail でお送りください。電話によるお問い合わせはご遠慮ください。また、本書の内
容を超えるご質問にはお答えできませんので、あらかじめご了承ください。

Cover design Y.Yamaguchi　　© 2021 豊沢 聡
Printed in Japan　ISBN978-4-87783-491-3